JN212351

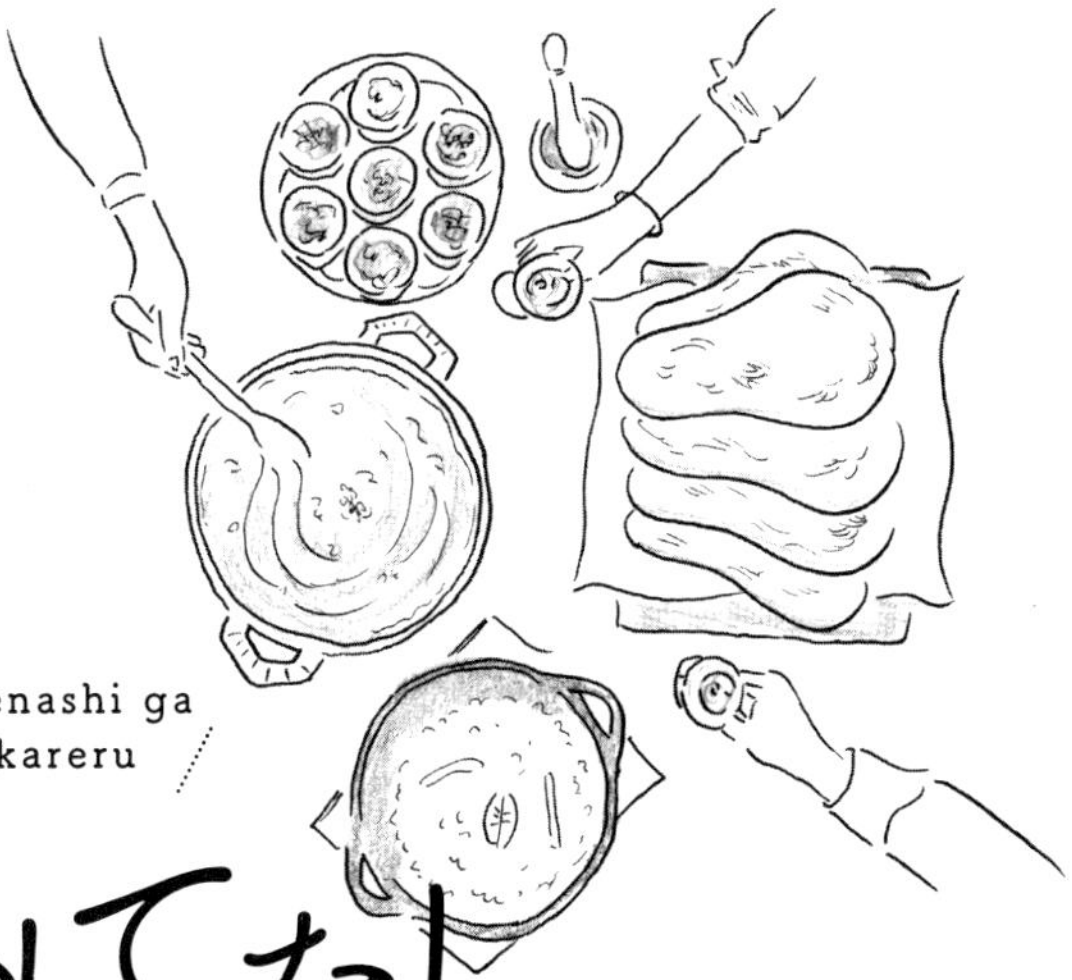

Omotenashi ga
Tsukareru

おもてなしが疲れる

いつもの料理で人を招く

本多理恵子

平凡社

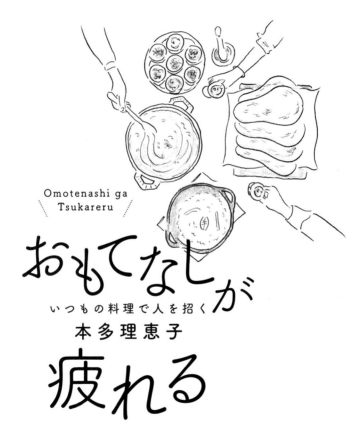

はじめに

そもそも、おもてなしって何ですか？

それは、人生に必要ですか？


私は「おもてなし」に関する本を書こうとしている途中でふと疑問に思いました。

その時、当然のように「簡単なおもてなし料理レシピ」や、「片付けと準備」のノウハウをまとめていたのです。つまり「人を招くための術」です。

そして世にある「おもてなし」の本も、そのほとんどが「いかに簡単で豪華なおもてなし料理を作るか」というレシピ中心に書かれています。

「おもてなし」というと大げさかもしれませんが、ここでは広く「人を招く」という意味です。

たしかにちょっとしたイベントとして、素敵な料理で「おもてなし」ができたら楽しいことでしょう。でも人と仲良くなったり、楽しんだりするのは、何も「家に招いてご飯を食べる」ことだけではありません。

どちらかというとそれなりに手間がかかる面倒くさいことでもあり、**ストレスすら感じます。**

それなのに、なぜか私たちは「今度ウチで飲もうよ」とか「週末は鍋パーティーをしよう」などウキウキと「人を招く」のプランを練ったりもしています。

そして不思議な事に、いざとなると気が重くなったり、料理を失敗して落ち込んだり……決して「ああ、楽しかった」と手放しで喜べない経験は誰にでもあることです。

本当に大切なことは何？ それを考えてみました。

そして「おもてなし料理」や「ノウハウ」という「術」をお伝えする以前に、どうしてその人をもてなしたいのか？　という「自分の気持ち」をきちんと自覚しておくことが大切なのではないかと思ったのです。

そもそも今の時代、人との関係を深めるためには、パソコンやスマホさえあれば実際に「会う」必要すらありません。指先一本で会話ができるのです。

ではなぜ私たちはわざわざ人を家に招き、一緒にご飯を食べ、他愛ないおしゃべりに花を咲かせるのでしょうか？

そもそも自分のスペースにわざわざ他人を招き入れるのには「見えない日常をさらけ出す」という勇気が必要です。その「わざわざ」を乗り越える気持ちの奥にはきっと少なからず「自分のありのままを見せる」という決意があり、それは相手に対して「あなたは特別」そして「もっと仲良くなりたい」という意思表示なのではないでしょうか？

つまり家に人を招くことは、もはや愛情表現と言っていいかもしれません。

人は本来寂しがり屋さんです。だからこそ、誰かと共感したい、知りたい、知ってほしいと思っているのです。そうです、答えは結構シンプルで**私たちは「寂しい」から集まるのです。**

また、「個食」という別の観点もあります。いまやひとりでご飯を食べる人は想像よりよっぽど多く存在します。ひとり暮らしばかりでなく、家族の変化によって日常的に「ひとり」でご飯を食べる人たちです。またたとえ家族がいても生活リズムの多様化で「かくれ個食」は確実に増えていると実感しています。私自身もそうです。そんな状況にあって、「一緒に食べない？」と気軽に声を掛け合って食事を共にできたら、救われることもあります。

そして実は、まだまだ**意外な効果もあるのです**。

第三者が自分の日常に入ると、自分の家族（夫婦間）にも思わぬ発見が生まれます。それは「家庭」という密室の中だけでは普段決して見つけることの出来ない大切な発見でもあります。

私は子供が手を離れた今、今後の自分の生活に不安や寂しさを感じる事がありま す。そして、時を経てまた2人に戻ってしまった夫婦のあり方に多少の居心地の悪さも感じます。しかし、それを直視して再構築していくには、ある程度の意図的な努力が必要だとも思っているのです。

そんな中、人を招く（招かれる）というのは「日常生活のなかの非日常」であり、意外な「テコ入れ」にもなったりします。つまり友達関係を深めるばかりでなく、夫婦や家族の関係、または自分の深いところを見直すキッカケにもなりうるのです。

ではどうしたら「疲れないおもてなし」ができるようになるのでしょうか？

行きついた答えは**「〈ありのまま〉の自分と料理で人を招く方法を身につける」**ことです。まずは自分が気負わず楽しめること。それが一番大切です。

ちなみに、私が主宰している料理教室では日常使える料理を中心にお伝えしています。そして必ず最後におもてなし料理としても使えるアレンジを紹介しています。その時の生徒さんの食いつきはすごいです（笑）。それを見るにつけ、「こんなに興味があるなんて！」と驚きます。

人を呼びたい、でもできない。おもてなし料理なんか作れない、でも作ってみたい……その相反する気持ちで揺らいでいるのがみんなに共通している「おもてなし」の立ち位置なのではないでしょうか。

ですからこの本を読むことで、料理や準備の「術」だけではなく、どうしたら自分が楽しめるかを感じ取ってほしいのです。つまり本書で言う「おもてなし」には**「豪華な料理」や「きれいすぎる空間」は必要ないのです。**

今の時代、ＳＮＳの普及で人と比べたり人目を気にする場面が増えました。だからこそ、「安心でくつろげる」「気負わなくていい」日常を分かち合って下さい。

ただそうは言っても、少なからず過去の「おもてなし」に失敗やトラウマもあるでしょう。ですから、**まずその失敗を洗い出し、やらないことを決めます。**次にやることをシンプルに実行する方法や考え方、レシピのアイデアをお伝えします。読み終えるころには「これならできそう、面白そう」とワクワクしてほしいのです。

そしてぜひ自分サイズの**「疲れないおもてなし」のプロ**になってください。

「じゃあ今度はウチに来て」と言ってもらえるような、お互いが疲れないおもてなしができたらしめたものです。

友達を・家族を・自分を……全てを大切にするために、ぜひ「疲れないおもてなし」を身に着けて**大いに日常を楽しみましょう。**こんな時代だからこそ直接人に会って、同じ空間で生身の人と一緒に時間を過ごすのです。そうです、幸せは「日常」と「いつもの自分」の中にこそあるのですから。

「誰かと一緒に食べるご飯」、はじめてみませんか？

目次

第二章 疲れないおもてなしのために「やること」

I 料理編

第三章 メニューの組み立て方

冷蔵庫からすぐ出せる　前菜

調理器具別の　メイン料理

おもてなしの現場から

・料理は４人分です（とりわけスタイルのおもてなし料理なので、通常の４人分より若干少なめになっています）。
・小さじ１は５㎖、大さじ１は15㎖、米１合は１８０㎖です。
・ひとつまみは親指、人差し指、中指の３本の指先でつまんだ量です。
・表記のない加熱は「中火加熱」です。
ＩＨ調理器具の場合は器具の表示を参考にして下さい。
・電子レンジは５００Ｗを使用しています。
６００Ｗは０・８倍、８００Ｗなら０・６倍の時間で加熱して下さい。

本書の効能

持ち寄りパーティーや
手土産での悩みが解消される

おもてなしに必要な
料理のラインナップを整理できる

普段の料理スキルが
アップする

リアルに人とつながる喜びを
楽しめるようになる

おもてなし準備の
パニックから解放される

ひとりのご飯が寂しい時、
気楽に家に人を呼べるようになる

家が片付く
（こともある）

夫婦仲がよくなる
（かもしれない？）

夫（妻）の愚痴を聞いてもらう
機会が増え、ガス抜きになる

第一章

おもてなしの失敗とモヤモヤ

おもてなしの失敗原因を探る前に、私たちは何のために「おもてなし」をするのかを、もう一度確認しておきましょう。

・ゲストと仲良くなりたい
・ゲスト同士が仲良くなってほしい
・夫婦や家族だって仲良くなりたい

そうです！　**目指すは「仲良くなりたい」なのです**。しかも、「おもてなし」をすることは、ゲストと招く自分の間だけでなくゲスト同士も「仲良くなれる」可能性を秘めています。ですから、この場合の**「おもてなし」とは決して「料理のスキ**

ル」や「素敵生活」のアピールの場ではありません。

では、そもそもなぜ仲良くなるための「おもてなし」が疲れるのか、なぜ失敗してしまうのか詳しく探っていきましょう。

「おもてなし」の失敗とモヤモヤとは

「おもてなし」における失敗は「料理」ばかりではありません。これから「料理」と「それ以外」に分けて見ていきましょう。

まず初めに一番大きなウエイトを占める「料理」では、**料理そのものの失敗と時間配分の失敗などが考えられます。**

そして「それ以外」では、**家の中が片付かない、座る場所や食器が足りない**という物理的なことから、**焦って失敗したことや小さな気がかりなど**メンタル面も含みます。

これからそれぞれの失敗やモヤモヤを、事例とともに原因を探っていきます。そしてそれらの反省を踏まえ、**まず「やらないこと」を決めることからスタートしましょう。**

I 料理編

1 新しい料理に挑戦してドツボにハマる

これはおもてなし料理にまつわる一番大きな問題です。実際、私自身も周りの人にも、このネタは山ほど出てきて闇の深さを思い知りました。

初めて挑戦したパエリアが鶏のえさレベルにボソボソで結局ピザをとることになった……という類の話には事欠きません。これは他人の失敗だから笑えますが、自分の失敗ならトラウマになります。

これだけ「新しい料理に手を出してはいけない」と世に言われているのに、なぜ人は「新しい料理」に挑戦してしまうのでしょうか？

それは料理における「プチ自己顕示欲」の仕業

「少しでもカッコよく見せたい」プチ自己顕示欲と「せっかくなら作ってみたい」という研究心から私たちは「作ったこともない憧れ料理」に手を出します。カッコいい料理を作って振る舞いたい、自分をデキる人に見せたい、自分のライフスタイルを素敵に見せたい。たとえ自覚していなくても、それはあなたの心の中に少なからずある思いです。顕在化していない思いは、一度冷静にならないと必要以上の「やる気」となって空回りします。

……といっても頑張ることを非難しているわけではなく、それは誰しも陥るワナです。誘惑の甘いワナです。なぜなら、根底にはゲストに喜んでほしいという気持ちがあるのですから。

しかし招かれたゲスト側は「丸腰」で来ます。あなたの家に一歩足を踏み入れた途端目の当たりにする**「星付きレストランのようなおもてなし」は、逆に気後れするものです**。レストランのような料理はレストランで食べればいいのです。

自分のことを棚に上げれば、お呼ばれしたお宅での料理が手つかずの状態できれいにＳＮＳにアップされているのを見ると、「ああ、見せるためかぁ……」と斜に構えて思ってしまう了見の狭い人間です。きっとお客様が到着する前に撮影したのでしょう。けれど、全く同じことを私もやります。というか、テーブルに花を添えたり、小物を置いてみたり、必要以上に「写真映え」を狙って奇跡の一枚をおさめたりします。

見せるための料理ではない

上手に料理ができる人や、奇跡的に上手に出来上がった場合など「見せたい」と思う気持ちはよくわかります。ただ、ここで言う「普段のおもてなし」は料理品評会ではありません。**決してやりすぎない匙《さじ》加減や冷静さが必要**で、自分も反省するところです。

一方で、料理が得意でない人や、いつも失敗してしまう人も気後れする必要はありません。「おもてなし」というものは一緒に飲み食いするコミュニケーションの場です。**自分のできることやスキルを全力でぶつける「ドッジボール」ではないのです。**一緒に楽しむ「キャッチボール」を心掛けたいものです（おっと！　上手いこと言ったのでドヤ顔)。

2 大量に作って予想外の失敗

これは結構気づかぬ料理の落とし穴です。**レシピの表記はほとんどが2人か4人分です**。そのレシピをもとに増量して失敗なく作れるのでしょうか？　答えはノーです。食材や調味料の分量のみならず、炒め時間やオーブンの設定温度や焼き時間も違ってきます。

レシピを倍量で作るという過ち

例えば炒め物でも量が増えれば必然的に大きなフライパンとそれなりの腕力が必要です。作ったことのない料理を作るのと同じように、**作ったこともない分量を作るのも踏み入ってはいけない領域**です。

この本で言う「おもてなし」は原則「大皿料理をお取り分け」する気負わないス

タイルです。すべての料理がきっちり人数分なくてもいいのです。お酒が入ればなおさらです。その代わりお腹にたまる炭水化物もメニューに入れましょう。

いつもより格段に「下手に出来ました」という結末

その昔、チャーハンを褒められたことがありました。実家で作っていたとこに振るまった時です。そしてその後、人を呼んだとき、「そうだ！　褒められたアレを作ろう！」と普段作ったこともない分量で作りました。

結果、フライパンから食材があふれ出し、とても炒めるどころではありません。仕方なく半分に分けて作りましたが予想以上に時間がかかり、結局白いご飯と調味料の塊がところどころ出没する一品に。**「普段よりかなり下手な料理」を出す羽目になり**疲労と後悔だけが残りました。

作る技術や調理器具、そして盛り付けるお皿など多方面から考えて「大量調理」には注意が必要です。

3 とがりすぎた料理で暴走

食べ物の好き嫌いは人それぞれなのであらかじめ聞いておくに越したことはありませんが、こだわりの温泉宿でもなければわざわざ事前に聞くことすら大げさですよね。けれど、**意外に食に対して保守的な人もいるということを知っておきましょう。**私もその口です。

追い込まれた「肉フェス」

エピソードをひとつ。世の中には結構「肉食女子」は多いものです。お呼ばれしたお宅でまず最初に出てきたのは「豚足」でした。それから生肉やジビエなど……珍しい肉料理が次々並び、仕上げはモツ鍋でした。ホストはどれも「喜んでもらおう」と頑張って用意してくれたことは察しがつきます。けれど私は肉が苦手です。食の好みを振りかざす気持ちはありませんし、ましてやたくさんの人の前で「これは嫌い」と水を差すことは恥ずかしくもあります。そして当然、作ってくれた人に感謝もあります。

しかし行ったら「〇〇縛り」「〇〇フェス」だった……は厳しい場合があります。ですから、**食材が偏る場合は、できれば事前に告知しておきましょう**。そうしたらたとえ自分が苦手なものであっても、食べたいものを手土産で持っていくこともできるのですから。

事前確認はパクチーのみにあらず

最近はなぜかパクチーにおいてのみ、事前に「大丈夫?」と聞いてくれる場合があります。でもそれ以外にも甲殻類やホルモン系の食べ物など、確認が必要な食材というものがありそうです。細かな食材まで事前に聞くのは難しいと思います。ですからなおさら、同じ食材だけ、同じカテゴリーだけの「ばっか料理」にならないように配慮したいものです。この経験は自分にも反省を促し、おもてなし料理には「無難」ということも大切なポイントだと気づいた出来事でした。

4 時間までに仕上がらずパニック

「おもてなし」は非日常のイベントで「ぶっつけ本番」で挑むのですから仕方のないことです。準備のために限られた時間はなるべく料理に割きたいとわかっていても、家の中の片付けやセッティングなど……気になることや、やるべきことが山積みで気持ちばかり焦ります。

まず、いったん座って書き出そう

そんな時はまず座りましょう。そしてメモを一枚用意して深呼吸です。次に**料理名を書き出し、片付けや準備などやるべき作業を箇条書きします。**

例えば料理なら、「サラダ」→サニーレタスを洗う、ドレッシングを作る。片付けなら、「玄関」→靴を片付けて消臭スプレーをまく。

といった具合です。いったんすべて書き出すと全体の作業量が見えて少し落ち着きます。私はここで、すっかりやり切った感に浸り、お茶を飲みだして後悔することもあります。そうです、「やること」がわかっていても実際にやらないと終わらないのです。言い換えればやり始めればどんどん終わりに近づきます。そして小さなことでもできたら消していきましょう。作業の全体像と進捗状況が一目でわかることで、正体不明の焦りからは解放されます。

料理は5品と決めてしまう

そしてパニック回避のために当日の「料理のお品書き」を考えるコツがあります。**まず来客時にテーブルに出しておく料理2品を決めるのです。ぜひ、常温で出しておいても大丈夫な料理も含めて準備しましょう。そしてその他はメイン1品、炭水化物1品、あと1品をスープか野菜の副菜でその場に応じて考えます。つまり「全部で5品」と決めてしまいましょう。**

おもてなしにまだ不慣れな段階で、調理や片付けに手間がかかる「揚げ物」と「デザート」はいったん省いて考えます。

なぜ揚げ物を除外するのかというと、なんといっても目が離せないし、油の後片付けに手間がかかることです。またデザートは、絶対に自信がある一品があるか、ゲストから強くあなたの手作りをリクエストされた以外には除外できる項目です。なぜなら手土産でリクエストしやすいことと、自分で市販品を買ったりお取り寄せしてもどうにかなるカテゴリーだからです。

また、特に甘いものが得意でないメンツの場合は季節のフルーツのほうが喜ばれる場合もあります。ですから**慣れるまでは揚げ物とデザート抜きで料理5品を目指しましょう**。

まず初めは「作りたいものを作る」ことをいったん手放して、**必ず成功する料理で構成してみます**。もしそれでもハードルが高ければ、一部は出来合いのものを切って並べたり温めなおして盛り付けるだけでもいいのです。**全部が全部手作りである必要はありません**。

5　料理や飲み物が足りなくなって慌てる

料理が大量に余っても、「まずかった?」と気になりますが、昨日食べたばっつかりだったり、たまたま気分じゃなかった……などいろいろなケースがあります。**いくつか料理を出せば人気のない料理もあるのは不思議ではありません。**冷凍できるものは保存して自宅消費しましょう。「しばらく弁当のおかずに困らない」と考えれば報われます。お酒や飲み物なら保存がききますから、問題ないはずです。

反対に切実に困るのは足りなくなった場合です。予想外によく食べる、よく飲む……ありますよね。我が家は夫婦してお酒が大好きで、ゲストも必然的に酒飲みが多くなります。サラリーマン時代は人寄せの前には必ず近所の酒屋さんに配達をお願いしたものです。あまりに頻繁なのでそのうちに「何のお店ですか？」と聞かれたりしました。……サラリーマンです。

酒量マネジメント

しかし、どんなに用意しても次から次へと出せば飲んでしまうのが酒飲みのサガです。これは自戒の念も込めて言いますが、**あらかじめ「今日のお酒はこれだけ用意してます」とシラフの段階で全体像をお伝えしておきましょう（笑）**。

そうはいっても、とても盛り上がっているのに明らかにお酒が少ない時ほど悲しいことはありません。「飲んべぇさん」には**あらかじめ飲みたいお酒を1本持ってきてもらうか、水で薄めて調整できる蒸留酒を1本用意しておく**のもいいでしょう。我が家の最近のヒット作は「なんちゃってモヒート」です。作り方は後述します（170ページ）。何しろビールやワイン、日本酒などの薄めず飲むお酒は、あればあるだけ飲んでしまって終わりが見えなくなるのです（我が家調べ）。

食べ物が足りなくなった時のしのぎ方

そして次に、食べるものが足りなくなって焦る場合です。たいてい「子供のおやつ用のポテトチップスでごまかした」とか「もらいものの缶詰を開けてどうにかした」など、皆さんどうにかその場をしのいでいます。この問題が一番「対応力」と「瞬発力」を試されるかもしれません。

対策は**かわきもの・缶詰など家にある保存食でしのぐ**か、もしくは**漬物やチーズなどをちょっと多めに用意しておく**ことです。しかしそんな小腹しのぎではどう考えても足りなさそうな時、もうお開きにしたいけど何となく小腹が減っていそうな時、我が家の**奥の手は「そうめん」**です。ゆでる・つゆを用意する……と多少面倒ですが、その面倒をあえて乗り越えるほど効果絶大です。「最後はそうめんで黙らせる」この作戦も後ほどお伝えしましょう（１３２ページ）。このように足りなくなった時の定番アイデアがあるというのは心の平和につながります。

2 料理以外編

1 どう考えても家の掃除が間に合わない

まさに「あるある」です。だっていつも生活しているスペースにお客様をお招きするのですから。普段はコロコロだけで掃除を済ませる絨毯《じゅうたん》も、ブーツとビーチサンダルが未だ同居する玄関も、片付けてきれいにしなければなりません。全力で取り繕わなければならないのです。今まで何日も猶予があったにもかかわらず、なかなか「ちゃんと掃除をする」ということはできないものです。しかも毎日生活しているので、早めにお掃除してもまた散らかります。

抜本的な解決を望まない

大切なのは「抜本的に解決しない」ことです。つまり**「見えるところだけをきれいにする」「掃除しないところを決める」**ことです。私はお片付けのプロではありませんし、それどころか家の中はいつも「とっちらかって」います。そんな中お客様を招くのは正直「あぁ、しんどい」と一向に片付かない部屋を見て途方に暮れます。ですから、きれいにするのは「玄関」「トイレ&洗面所」そして「食べる場所」だけです。

断捨離のきっかけという副産物

人が出入りするエリアに「とりあえずモノがないように」するために、片付かない本やぬいぐるみなどを大きめの紙袋に入れて他の部屋に避難させます。緊急対応ですが、これが意外や意外、お客様が帰った後に「断捨離」の候補になったりします。結局そのまま「ぬいぐるみの袋」はゴミ収集日に出した！　という驚きの過去もあります。そう考えたら一石二鳥とも言えますよね。何事もものは考えようです。

そして目につく蛇口や取っ手の「光る部分を磨く」だけです。それ以外は何もしません。これだけで適度にざっぱり取り繕えます。そのうえで**必要なのは「これでいい」と思ってそれ以上何もしない勇気**だけです。

きれいに片付いていることは大事ですが、多少散らかっていたりするのもまた「ご愛敬」で済まされるものなのです（であってくれ、と願います）。

ある種の「生活感」は慣れるとなかなか心地いいものですから。

狭い押入れの中が安心する、使い倒したボロボロのタオルケットが安心する……という人間のサガを利用してやりましょう（え！　そこですか？）。

決してモデルルームを目指してはなりません。

2 座る場所・食器の数が足りない

これもひそかに抱える大きな問題です。まず座る場所問題ですが、最初は全員が座れるスペースを確保しましょう。なぜなら遅れて行って「座るところがない」と他人の家でうろうろするときのバツの悪さったらありません。「あれ？　もしかして招かれざる客？」なんて勝手にやさぐれたりします。

無理やりでも人数分の「椅子」確保

さらに私の周りでは、年齢層の問題かもしれませんが「腰」や「膝」に爆弾を抱える友達もいます。そんな人たちにとっては「床に直《じか》に座る」は拷問です。そんな場合を踏まえ、メンツによっては直座りの場合でもいくつか椅子は必要かと思います。「**本当の椅子**」**でなくてもいいのです**。丈夫な踏み台にクッションをのせたとか、カラーボックスを横にしてクッションをのせたとか……どれも過去に私が苦肉の策で作りだした「偽物の椅子」です。

食器は思い切って買い揃えるという決断

また食器が足りない問題は、じゃ紙皿で……となりがちですが、一方で紙皿で食べる料理は美味しさが半減する気がする……という人もいます。私もＢＢＱ以外はアンチ紙皿派です。これはお皿だけでなくグラスも同じです。

椅子は他の家具で代用もできますが、皿やグラスは他の備品で代用はききません。まず家じゅうのものをかき集めましょう。**柄や多少の大きさにばらつきがあっても構いません**。必要なのは直径15センチ程度のお皿、そして透明なグラスです。肝心なのは「同じようなもの」で「数が揃っている」ということです。

おもてなしの規模にもよりますが、だいたい8〜10人分あれば十分なので腹をくれば**「買って揃えてしまう」というのもひとつの方法**です。百均で揃えれば出費は合計でも2、3000円程度でしょう。いったん買ってしまえば、その先ずっと慌てることはありません。

最後に友達のアイデアをひとつ。引っ越しお披露目で大勢をお招きした時、「コップ・グラスは各自持参」という「事前通達」がありました。思い思いにワイングラスやビールグラスを持ち寄ってそれで飲むというのは、かえって楽しいものでもありました。当然、よくある「あれ？　私のグラスどっちだっけ？」という事態も起こりません。これは発想の転換で勉強になりました。

3　キッチンが洗い物であふれてどうにもならない

自分のキッチンでありながら愕然とする時があります。決して生活感のない「きれいなキッチン」を目指してはいませんが、おもてなしの料理をするうちに時間的にも追い詰められて、シンクが洗い物で山盛り、コンロには使いかけのフライパンが放置……などという構図に絶望します。

キッチンが片付いていた方が良いワケ

シンクやキッチン回りが片付いていることのメリットは素早い対応が可能になることです。人がたくさん来る「おもてなし」においてとっさの対応をしなければならない場面は意外と多いのです。いったん料理を片付ける、追加でサラダを作る、手土産のケーキを切る、こぼした料理や割れたコップを片付ける……なんてことも、キッチンがある程度片付いていれば素早く対応できます。

そのためにはその都度、こまめに調理器具や鍋を洗い、使わないものは片付けるということが理想なのですが、しかしなかなかハードルが高い問題ですよね。それが出来ないから毎回困っている！　という声も多く聞きます。

結局「ちょっとしたこと」の積み重ね

対策のひとつとして、まずは仕込みの段階から意識してみましょう。

まず、**まな板と包丁を使って「切るもの」は一気に切ってしまいます**。それを入れるタッパーやビニール袋をまな板の横に用意して、次から次へと切って入れていくのです。たとえば煮込み料理なら「玉ネギ・人参・セロリ」など切ったら同じビニール袋に入れます。食材を切る順番は野菜↓肉魚です。まな板と包丁を洗う手間が省けます。

また洗う必要がある**ボウルやタッパーを極力避けて、なるべくビニール袋、ラップ、クッキングペーパーを使う**のです。たとえばサラダ用の野菜、漬け込んだ肉などすべてビニール袋に入れて冷蔵庫に待機させればボウルも手も汚れません。そうすればあとはお皿に盛り付ける、フライパンや鍋に放り込むということができるのです。フライパンもクッキングペーパーを敷いて使えば洗う時間も短縮できます。

また、煮込み時間など少しのあいだ調理の手が空く時は、**次の作業にとりかかる前にまず洗い物を片付け、その後使わない食器や調理器具はいったんしまいます。**つまり作業スペースを確保するのです。サッカーで言ったらハーフタイムです。たとえ焦っていても、その方が次の作業が格段に効率よくできます。

そして、肉ダネをこねた手を洗うついでにじゃがいもを洗う。トマトを切った包丁とまな板を洗うついでにフライパンを洗うなど**「洗う時」は「ついで洗い」**です。料理の片付けにまつわる作業を分解すると、洗う、拭く、いったんしまう、をいかに隙間時間で「ついで」にできるかが明暗を分けます。後々自分が楽に動けるためになるべく溜めないことが最重要です。

4 自分で誘っておきながら気が重い

自分で招いておいたのになぜでしょうか？ **当日気が重いのです。**正確に言うと、その日が近づくにつれてだんだん憂鬱になります。買い出ししなきゃ、掃除しなきゃ、食器揃えなきゃ、そして何しろ大量の料理を作らなきゃ……。毎日の家事だって面倒くさいのに、人を招くだなんて……誘ったあの日に帰って訂正したい！とすら思います。

やることは「無限」ではないことを知る

けれど冷静になってください。無限にある……と絶望している作業も実はそうでもないのです。これも書き出してみましょう。**家の中隅々まで完ぺきである必要も、雑誌のような料理を作る必要もないのです。**前述のとおり掃除する場所、作る料理だけでも箇条書きしてみて、それ以外は一切やらないと決めるのです。やらないことを決めておくことのメリットは、「できなかったこと」になって自分を責めずに済むという、とても前向きな考え方なのです。

最も手を抜けるのは「料理」である

本末転倒ですが、おもてなしの時に一番手を抜けるのが「料理」なのです。持ち寄りにする、一部を出来合いのもので済ませる、堂々とお取り寄せをしてみるなど割り切り方もそれぞれです。また、テーブルにホットプレートやコンロを出して「作りながら食べる」ビビンバや焼き鳥など、参加型のおもてなしなら品数は少なくても満足感があります（第四章内のおもてなしのおススメテーマ「汗かいて、熱々を作りながら食べよう」参照）。

ですから、**いったん料理を見直してみる**ことも気楽なおもてなしにするためには必要なことです。そして「作るもの」「やること」を書き出して、作業は簡単なことから着手する。その時に好きな音楽をかけるなどの知恵も必要です。ちなみに私は必ず嵐のＣＤをかけます。気分が盛り上がりすぎてキャベツの千切りなど止まらなくなります。また、どうにもこうにもスイッチが入らなかった時は、買ってあった新品のエプロンをおろしてみました。これも「いつもと違う」という高揚感から、作業がはかどりました。

やることはやり始めればできます。ぜひ自分のスイッチを入れる方法を見つけておきましょう。

5 意外と気づかない環境やにおい問題

いざとなると、料理は美味しいかな？　居心地悪くないかな？……など気がかりは常にあります。過剰に気を使う必要はありませんが、何事も相手の立場に立って考えてみることも必要です。ホスト側の「あたりまえ」な環境に他人を呼ぶわけですから、そこに配慮は必要です。

ペット問題

たとえば……、室内でワンちゃんを飼っている場合や、鳥や亀（！）などのペットはたとえ家族の一員であってもゲストにとっては違います。例えば、大きな室内犬が人懐っこすぎてみんなの手や顔を舐めまくるとか、放し飼いにしているインコの「ピーちゃん」が、お客様に興奮して縦横無尽に飛び回りおしゃべりがかき消される……など。特に飲食をする場でもありますから、特別な場合でない限りペットはきちんとゲージや水槽に入れておきましょう。また住人には気づかぬにおいもあるので、あらかじめ換気や消臭をしておく配慮も必要かもしれません。

におい問題

においにおい問題はペットだけでなく、たばこもあります。愛煙家は「一服したい」と思うし、我が家のようにたばこの匂いが苦手な嫌煙家もいます。お互いが配慮して気持ちよく過ごしたいものですが、外で喫煙した人が胸ポケットからサッと携帯用灰皿を出して吸い殻さえ残さないのを見た時、ちょっと惚れたりします。**自分の好きがみんなの好きとは限らない**……双方でそんな観点も必要ですね。

また別のにおい問題としては、「室内焼肉」には注意が必要です。いつも大勢の人寄せをしている友達が嘆いていたのを思い出します。「翌日カーテンやソファににおいが残り、消臭が大変だった」と。くれぐれもにおい残りする料理を室内で作る場合は覚悟をして取り組みましょう。

6 盛り上がりすぎ、盛り上がらなすぎ

どちらも困った問題です。ちなみに私は人見知りなので、初めて会う人と会話をするのに気後れする時があります。「準備でそんなことまで手が回らない」と思うかもしれませんが、最初にゲストを紹介し合うことはホストの役目でもあります。

会話のキッカケ作りはホストの役割

話題についてふさわしい共通項が見つからなければ、答えやすい質問をしてみてはどうでしょうか。ちなみに**料理の話題は万国共通**。基本的に誰も傷つけないのです。「何が好きですか?」「どんな国の料理が美味しかったですか?」などよく使う質問です。皆さんの会話がはずめば、その場を離れ少しの間キッチンに立って作業することが出来るので、自分も楽になるのです。

できればみんなでワンテーマ

反対に、主張の強い人の独演会になる会ほど残念なものはありません。「こんなに話を聞かされるなら時給をくれ」と思うこともあります（涙）。

時間も空間もみんなで共有しているので、**最初だけでも「みんなで共通のテーマ」でおしゃべりしましょう。**全員がその場に馴染めたらあとは「気の合う人同士で」もあると思います。

話は違いますが、以前新婚夫婦をお招きした際、楽しくお酒をいただくうちに「相手のどこに惹かれたか」という質問になりました。二人のなれそめをキャッキャと聞くうちに、こちらまで新鮮で幸せな気持ちになりました。すると、新婚さんが「で、先輩たちはどうなんですか？」と逆質問。想定外に私たち夫婦が大昔の記憶を掘り起こすことになりました。

……お酒が入っていなければなかなか言えないことでもありましたが、**プライベートな場所に第三者をお招きしたからこそ起こった展開**です。熟年夫婦のマンネリにも一石を投じてくれました。このように「日常」に「非日常」を放り込んでくれるのも人寄せの面白いハプニングです。そんな予想外の楽しい発見のために私たちは集まるのかもしれません。

7 お開きのタイミングと片付けのせめぎ合い

帰り際の問題です。さすがに終電を逃す……というのは避けたい事態ですが、それ以外にも女性から大きく声があがったのが「片付けを手伝うか否か問題」です。
お互いの関係性にもよりますが、周りの友達に聞いた範囲ではほとんど全員「私、お皿洗います」という申し出はいらない、と断言しました。

皿洗いをしないで帰るという勇気

なぜなら……結局キッチンは「自分のキッチン」で「自分のルール」で構成されているプライベート空間でもあるからです。洗ったコップの行先、食器を拭くフキンのありか、そして拭いた食器は果たしてどこにしまえばいいか、手伝ってくれたゲストも気を使って聞くでしょう。聞かれたことに対しては全部その場で答えねばなりません。結局、自分で洗わなくてもキッチンにはいなくてはならないのです。しかも、整理整頓が苦手な私は「決して開けてほしくない開かずの引き出し」があります。そこには先が焦げた菜箸やら、錆びた缶切りや使いかけのスパイスなど、中途半端なものがすべて隠されているからです。コレを見られたら人格を疑われるレベルですから、目を離せません（汗）。

他にも、食べ残しはどうする、燃えないゴミはどこへ……など聞かれることは山ほどあります。**聞くほうも聞かれるほうもその都度気を使う**のです。とても仲のいい友達なら洗い物を一緒にしつつ、女同士で込み入った話を……なんていうのも楽しいかもしれませんが、そのケースは稀《まれ》です。だから全員の声は一致していました「片付けは後でゆっくり自分でやります」と。

そもそも「洗います」という申し出はホストの負担を減らしたい配慮だと思いますが、一方で「決して食べ逃げではない」という自己満足のためのアピールもあります（特に私はそうです！）。けれど、ここはシンプルに腹をくくり「ご馳走様でした!!」と丁寧に感謝を述べて堂々と帰ることを選択したほうがいいでしょう。

8 落ち着かなくて疲労困憊

おもてなしですから多少は張り切ってしまうのは当然のことですが、よくある過ちは「ずっとキッチンでバタバタしていて全然座って話せなかった」ということ。私も四半世紀前の「自称おもてなし初心者」の時は、反対にそうやってせっせと動いていることが全力でおもてなしをしている……とすら思い込んでいました。今考えるとものすごい自己アピールですよね……。ところが、自分が招かれる側のゲストになってみると、これほど落ち着かないことはありません。

ホストがずっとキッチンで何かしている、それも結構パニクって料理していると か、殺伐とした雰囲気は必ず伝わるものです。そんなことを回避するためにも、**料理に関わることはシンプルに**します。そしてなるべくゲストと一緒に座って会話を楽しみましょう。人によっては料理や飲み物に手を伸ばせず遠慮している場合もあります。そんなところも自分に余裕があれば気づいたりできます。

名残惜しいくらいがちょうどいい

せっかくの楽しいおもてなしも疲れすぎたら、もうしばらく人を呼ぶのやめておこう……そう思ってしまうこともあります。しかも昨日のお酒が残っていたら、昨日の洗い物が翌朝なおシンクにあふれていたら、なおさらです。

ですから当日は時間にも、**自分の体力にも余裕をもってお開きにする勇気も必要**です。ホストは名残惜しさを、ゲストは後ろ髪を引かれる気持ちをぐっとこらえて「また集まろうね」とお開きにしましょう。

以上、エピソードを含めざっと失敗や気がかりを見てきましたが、それらを踏まえてまず「やらないこと」を整理します。疲れないおもてなしを考えるには、混とんとした気持ちや作業の「いらない部分」をハッキリさせましょう。

疲れないおもてなし・やらないこと5ヵ条

1
新しい食材・料理に挑戦することをやめる
とりあえず料理は鉄板料理5品で構成する

2
手のかかる料理、片付けが大変な料理をやめる
揚げ物、デザートは作らない。翌日においが残る料理もNG

3
一品を大量に作るのをやめる
作れる分量を知っておく

4
家の大掃除をやめる
あくまで、人が使う場所が片付いていれば良い

5
何もしないうちに途方に暮れるのを、まずやめる
絶望する前に書き出す

おもてなしの現場から

使いまわしには要注意

お酒好きな友達夫婦が何組か集まって昼から飲もう！　という、聞いただけで嬉しくて酔っぱらいそうな楽しいお誘いを受けた。

「お酒はいっぱいあるからね！」と言われたものの、「足りなくなったら嫌じゃん」とそういう時の備えに限っては万全を期する。最寄りの駅で冷えっ冷えのシャンパンを買っていく！　と言ったものの、バックアップとして先日後輩からもらったエノテカの「ちゃんと箱に入ったワイン」があったのでそれを手土産にしようと一緒に持っていった。

友達宅に到着早々、シャンパンで乾杯して他愛のない話をしばらく続ける。さてさて次は何に行く？　一回ビールで休憩する？

（ビールって休憩の飲みものですか？　はいそうです）なんてガヤガヤ言っていると、

「あ、持ってきてもらったワインいただこうよ！」ということでホストの奥さんがキッチンに立った。……そしてけたたましい笑い声！

「ねえ！　これ大丈夫なの？？」

何事か！　と思いキッチンに向かうと、例のエノテカの箱の中からワインとともに、

「先輩。今までどうもありがとう……云云かんぬん……」という後輩からの熱いメッセージカードが入っていた。

ナニ？　ナンなの!!　泣かせないでよ。普段言う事聞かなかったクセしてさ……とあわや泣きそうになるが、どう考えても泣いている場合ではない。

「これ、いただきものなんじゃない？」

……はいそうです。そのまま流用しました。でも、一緒に飲もうっていう気持ちです……。

　この一件からガサツな私も、いただきものをよそのお宅に持っていくときはメッセージカード類が入っていないか要チェック、という教訓を得た。

　他にも、日本には外熨斗《そとのし》と内熨斗《うちのし》という風習があって、お祝い返しなど包装紙の上から熨斗をかけるか、内側に熨斗をかけるか二つのパターンがある。いったい何のためなのかわからないけど、そういう風習がある（雑にまとめた）。

　多分あからさまに熨斗をかけたくないという奥ゆかしい雰囲気の場合は内熨斗かと……（自分調べ）。

　そして困ったことにたまに高級な分厚い包装紙で包まれたものは、その中に熨斗がかかっているのではないか……という不安を払拭できなくなった。目を凝らしてみても老眼の目には判断がつかない場合が多い。くれぐれも他のお宅に持っていく場合は注意されたし（というか、まず自分がね）。

第二章

疲れないおもてなしのために「やること」

前章では失敗を踏まえ「やらないこと」を決めました。

この章では次の段階、つまり疲れないおもてなしのために必要な「やること」をお伝えします。

こちらも「料理」「それ以外」に分けてまとめていますが、正直、文章で読むと「めんどくさっ」と思うかもしれません。ですが、安心してください。実際にやってみたら案外簡単なことばかりです。そして**何度か「おもてなし」を繰り返すうちに慣れてきて「疲れ方」も自然と軽くなっていきます。**

誰でも最初からプロにはなれません。まずはできるところからやってみて、自分流をつかみましょう。まずざっと全体をつかんでみましょう。最初は頭の中で「エアーおもてなし」として各シーンを想像してみて下さい。

また、読み進めるうちに、「それでも無理」と思う人に向けて、最後に「簡単な一歩の踏み出し方」を提案しています。**何も「大宴会」や「ダイナミックなBBQ」を最初から目指さなくてもよいのです**（82ページ参照）。まずは「お茶しに来ない？」から徐々に「ウチでご飯食べない」へと無理なくできる事を広げていきましょう。

I 料理編

1 普段の料理を「おもてなし料理」の基礎にする

え！　普段の料理を？……という声が聞こえます。いつもそんな豪華なものばかり作ってないという叫びが聞こえます。それが違うのです。この本でいう「おもてなし料理」は特別な料理ではないのです。おしゃれ料理や入手困難な高級食材で作る「一発料理」を目指すのではありません。

私たちが目指す「疲れないおもてなし」のために必要なことは、**いつも作る料理に一工夫するだけで「おもてなし料理」にアレンジできるコツ**です。

おもてなし料理に昇格する二つのポイント

覚えておくことは「食材をグレードアップすること」と「盛り付けに一手間加えること」の二点だけです。

つまり、毎日の家族のご飯のレシピを充実させることが「おもてなし料理」の基礎です。毎日のご飯からグレードアップするポイントは、後述のレシピでも具体例をご紹介していきます。

2 鉄板料理の組み合わせを2パターン作っておく

これなら完ぺきに作れるという普段の料理の自信作から「鉄板料理」を見繕ってストックしていきます。そしてその中からおもてなしのメンツや季節に合わせて「5品で構成するお品書き」を2パターン作ってみましょう。

「5品で構成するお品書き」

・前菜2品
・メイン1品
・炭水化物1品
・スープや副菜など状況に応じた1品
（注意）ここに揚げ物とデザートは除外する。

このようなラインナップで2パターン作ります。それができたらもう怖がる必要はありません。**その2パターンを少しずつマイナーチェンジして展開することでレパートリーが広がります。**相互で料理を入れ替えて組み合わせてもよいですし、季節の野菜を取り入れればあたかも旬に敏感な「素敵な人」になれます。もちろん慣れてきたら揚げ物や、デザートを用意してもいいでしょう。

反対に**メインを固定してしまうのもおススメ**です。私には「ちまき」と「角煮」をプロ並みに作る友達がいます。ですから、そのお宅に呼ばれる時は、「あれが食べられる！」と一同楽しみにしているのです。それも理想形のひとつです。

調理器具がダブらない料理構成

また組み合わせを考えるうえで大切なのは、単に料理の味の相性だけでなく「調理器具がダブらない」という観点です。たとえば、ほとんどが大きなフライパンを使うレシピに集中してしまったら、ひとつ料理を作るたびにフライパンを洗わなければ、次の料理にとりかかれません。**焼く、蒸す、生、オーブン、レンジ加熱など調理器具、調理方法がダブらないもので構成する**ことが、手早く簡単にできる「疲れない」ポイントです。

また季節にもよりますが、熱々が美味しいもの・冷たく冷やしたものなど、**温度にもバラエティー**があると印象深くなります。基本中の基本ですが、たとえシンプルなサラダでもよく冷やしておくだけで格段に美味しく感じます。

パターン例はレシピの最後にいくつかご紹介していますので参考にしてください（177ページ参照）。

3 調理方法と調理器具を把握しておく

お品書きを決めたら「どの器具で作るか」を併せて確認してください。つまり、全部がフライパンを使う、同時に作るには大きな鍋が3個必要……とか実際問題、無理があるラインナップだってあるのです。

調理器具の「クセ」を知る

そしてそれと同時に、自分の使っている調理器具にはどんな「クセ」があるのか知っておくのも大切です。

一般的に**「クセが強い」のはオーブン**です。これは同じメーカーでも微妙に火の通り方が違ったり、焼きムラもある「曲者《クセモノ》」です。一方で、そのクセを知って使いこなせれば、ボタンひとつで完全に調理の手が離れる優秀なパートナーにもなりうるのです。ただ、オーブンをお持ちでない場合もあると思うので、その場合はトースターや炊飯器など「ボタンひとつ」で調理をしてくれる家電調理の一品をお品書きに入れておくとグッと手間が省けます。

最大に作れる分量を知っておく

また、一番大きな鍋やフライパンはおもてなしで最もよく使う調理器具です。ぜひ**作れる最大量をイメージしておきましょう**。フライパンは5人前までチャーハンが作れるとか、一番大きな鍋ならカレーで10人前くらい……などです。

料理といっても当日に作るものばかりではありません。前日から漬け込んでおく、前日に煮込んでおいて当日はレンジで温めなおすだけなど、いくつかはあらかじめ時間がある時に作っておくこともできます。キャベツの塩もみや、人参やセロリのピクルスなど、おもてなしの場面で食べなかったら後日自宅消費が出来るものも作っておいて損はありません。

4 手に取りやすい、食べやすい料理にする

これは結構現場で困ることがあります。例えば、鶏の丸焼きやドーンと一匹の魚のアクアパッツァなどおしゃれな料理を目の当たりにした時です。

いったいどうやって自分の分を取っていいのかわからず、手が伸ばしづらいのです。また居合わせたメンツの中でも自分が最年少や後輩だったら、「取り分けは自分の役割か」と思って面倒くさがりの私はちょっと気が重くなります。かといって忙しいホストに取り分けてもらうのも申し訳ないし……という現状を打破できず、ただただ眺めているという場面があります。

食べやすさはゲストへの優しさ

また単純に「食べづらい」料理もあります。昔あるお宅で奥様自信作の「生春巻き」をご馳走になった時でした。野菜もいっぱい食べてほしい！　と大サービスの特大サイズ。けれど一口食べるとはみ出す春雨、滴《したた》り落ちるスイートチリソース。

もちろん手でつかんでいただきましたが、とても食べづらくボロボロこぼしてしまい困りました。とても美味しかったのに大層汚く食べてしまってバツの悪い思いがあります。ですから、**手に取りやすい、食べやすい、**も立派なおもてなしポイントだと思うのです。

お酒のグラスが空いてます…の寂しさ

また、お酒を飲むスピードも人それぞれ。親密な関係なら勝手に冷蔵庫を開けてビールを出すとか、手酌でワインを飲むなど、私などはそのほうがかえって気が楽なのですが、そうできない場合もあります。初対面だったら勝手に自分だけ手酌では気が引けますし、喉が渇いたのにお茶がもうないなどモジモジしてしまいます。もちろん自分が飲みたい時は「まず人に勧める」という黄金ルールはあるものの、相手が飲んでくれないと自分の飲み物も注ぎ足すことができず、手持ち無沙汰なのは小さなストレスです。特に、喉を鳴らして立て続けにビールを流し込みたい時は、せっせと「私のカラのグラスに気づいてくれ」というビームを放射します。**飲み物は好きな時に好きなだけ飲める環境を整えたい**ものです。テーブルの一角にドリンク専用のコーナーを作るか、キッチンのカウンターの上に並べておいてはどうでしょう？　意外に細かいかもしれませんが、お酒大好きな私のこだわりです。

5　料理の「見せ方」を考えておく

料理のラインナップが決まり、それを時間内にちゃんと作れるようになったらいよいよ最後の山場の盛り付けです。すごい料理を作ってもこの盛り付けで力尽きる場合もありますが、反対に**いつもの料理がグッとおもてなしにグレードアップするのは盛り付け次第**です。何しろ見た目で印象は全然変わるのですから。私が主宰している料理教室でも、生徒さんから歓声があがるタイミングは盛り付けをして目の前に出した時です。

盛り付けポイント3つを意識

盛り付けといっても器選びだけではないのです。食材の「盛り付け方」に気を使いましょう。具体的には**「反対色を使う」「高さを出す」「分ける・並べる」**です。赤いトマトに緑のバジルの「反対色」、ちらし寿司に細切りの海苔を山盛りにのせて「高さを出す」、キュウリやアボカド・ゆで卵などを種類ごとに「分けて」一列に「並べて」鮮やかに見せるコブサラダなど、見せ方にこだわりましょう。料理はまず「目で食べる」ことを意識するのです（176ページ参照）。

そして、**皿にぎっしりと盛り付けてはいけません。**必ず余白を残すのです。そうするとなぜか「よそ行き」な上品な料理に見えるから不思議です。

食器だけが食器と思い込むべからず

また、**器について外せない絶対王者は「重箱」**です。これはメインやご飯はもちろん、デザートやかわきものを入れてもすべて「特別感」が出ます。これをしまったまま年一度のお正月だけ使うのはもったいないことです。これは**「塗りの食器」についても同じ考えです。**以前出張で京都に滞在した時、ふと通りかかった老舗漆器店の店頭で一目惚れした漆器がありました。とても気に入ったものの普段あまり使わないからと購入を決めかねていると、そこのご主人は言いました。「塗りの食器を普段からどんどん使ってほしい」と。油分や水分のある食材を入れても、使った後は普通に洗えば全く問題ないと聞きました。注意する点は「洗った後の水気をすぐ拭き取るだけ」と。なるほど！　と納得し買い求め、それ以降おもてなしに大活躍しています。また重箱は冷蔵の必要がないものであれば、重ねてテーブルに出しておけるという利便性もありまし、それを広げる時にはなぜかワクワクして盛り上がります。

これを使えばおもてなしの最初にテーブルに出しておく器に使うとか、かわきものやチーズやナッツ、クッキーなどをセットしておいて終盤になったらサッと手早くテーブルに出せる……とか、いろいろなシーンで大活躍します。

そして食器とは何も「食用の皿や器」だけではありません。ケーキの型にスティックサラダを盛り付けたり、

一目惚れで購入した漆器。実際はカラフルな色使いで、おもてなしの席にぴったり。

スナックのような「かわきもの」も重箱に入れればグレードアップ。

ホットドッグを柄付《がら》きのクッキングペーパーに包んだり。料理は普通であっても、**いつもと違う器やひと手間の装飾を加えれば「おもてなし料理」に見えるもの**なのです。

6 料理が余った時のことを考えておく

余った料理を持って帰る「ドギーバッグ」の風習が一般的でない日本において、「持って帰る」というのは勧めづらいしそれ以上に言い出しづらいものでもあります。

持って帰ってもらうのもお互いの幸せ

親しい間柄だったら「もしよかったら」と**百均で売っているような食品用パックを置いておく**のもいいかもしれません。実際、子育て世代は常に「明日の弁当のおかず」が頭から離れません。モノによっては使ってもらえるものもあったり、「留守番している受験生のお兄ちゃんに」とか「ゴルフ帰りの旦那の晩酌用に」と持って帰る場合もあります。ゲストに気を使わせることなく自由に、でも実際声をかけてみると喜ばれることもあります。

手土産分配のアイデア

また、予想以上に手土産をたくさんもらった場合の対処法を友達から聞きました。そのご家庭は「甘いもの」が苦手です。手土産にはクッキーやチョコレートをもらう場合も多く、自宅での消費に困っていました。そこで、あらかじめかわいらしい小袋を用意し、個包装の手土産のお菓子はそれに分けて帰り際にお土産で渡すそうです。**「うちで食べ切れない分は皆さんで」という配慮**です。これには感心するとともに、我が家でもやろうと心に刻みました（彫刻刀で）。

2 料理以外編

1 決める・知らせるはお早めに

お招きする時に、いったいどんな人がどれくらい来るのか？　もお伝えしておきましょう。どんなメンツが集まるかによって会の雰囲気もガラッと変わりますし、参加する側にも心づもりってもんがあります。

いい年をした（？）大人であれば、多少の「好き嫌い」はあっても割り切れる人がほとんどですが、反対に「自由な飲み会くらい好きな人だけで集まりたい」と決めている人もいます。

また、子供から手が離れた世代なら人を招いての「おもてなし」の場が、新しい付き合いを広げたり深めたりする貴重なキッカケになるかもしれません。これも後述しますが、いろいろなテーマを設けて肩ひじ張らず人を招いてみるのも面白いものです。

始まりより大事な「終わりの時間」

そして細かいことですが、**開始時間の案内と同時に終了時間の目安も伝えておきましょう。**これは連絡事項というよりも「その時間には終わりにしましょう」という暗黙の了解と決意を宣言することでもあります。コレを決めないと案外ダラダラしてしまい、気づいたら昼に集まってもう夜中！　という事態もあります（え？　ウチだけですか？）。そうなるとお互い翌日にも響きます。ですから当日は、最後に淹《い》れるお茶も用意して、お開きのタイミングをマネジメントしましょう。

持ち寄りなのか、ご招待なのかをハッキリさせる

またお誘いの声がけをして最初に確認されるポイントが「持ち寄りかどうか」という問題。完全にご招待する、持ち寄り、会費制など会の仕切りは何パターンかあ

ります。**お互い気疲れがないように事前にちゃんとお伝えしましょう。**

いずれの場合もちょっと配慮が必要です。まず全くのご招待といっても大人なら手ぶらでは行けません。そして、持ち寄りといってもいったい何を持っていけばいいのか……など「ゲスト側の悩み」もたくさんあります。これは後で「招かれる側の悩みと対策」としてふれていきますので、まずここではホスト側の立場で「やるべきこと」をまとめます。

持ち寄り料理と手土産の悩み

結構多いこの持ち寄りのお悩み、その一番の解決策は「**まずはホストがリクエストを出す**」ということです。これは裏返すと「ゲストを悩ませない」という配慮です。招かれる側はホストにある程度決めてもらったほうが助かるというのが本心です。ありがちな「食べたいものを持ってきて」は、果たしてメインなのか、炭水化物なのか、デパ地下の高級スイーツなのか決めかねます。さらに、散々迷って「無難」なものを持っていったのに、場にそぐわないことや人とカブってしまうこともあるのです。私の場合、**カブリ料理のチャンピオンは「人参ラペ」と「ポテサラ」**

です。反対にこれを逆手に取って「私はいつもポテサラ」という立ち位置を築き、「あの人きっとポテサラだから」と暗黙のうちに周囲を納得させる猛者《もさ》もいます。

ですから最初にホストがある程度、具体的にお願いすることを心がけましょう。最近はＬＩＮＥやグループメッセージであらかじめ皆がコミュニケーションできる場があります。まずホストが「ちらし寿司とおひたしを作っておきます」と表明したら、他の参加者は「私は春巻き持っていきます」「私はから揚げ」など声をあげやすくなります。

無難なものをお願いするのも手

たとえここに出遅れたとしても、なんとなく最後はまとまっていくから不思議です。「では私はチーズと生ハムを」というオードブル担当や、「途中のデパートでマカロン買っていきます」というおしゃれデザート担当、「この際みんなで開けてほしいワインを持っていきます」という買い溜めしてある高いワインを提供するツワモノなど、各自勝手に空いている分野を埋めてくれたりします。このように集まる前からチーム感が高まり、人が持ってくるものに期待が膨らみ事前に楽しみも増します。

また、持ち寄りではない場合は、たとえ完全なご招待であっても手ぶらでは行きづらいという大人の事情があります。その場合は「フルーツをお願い」とか「ワインを選んできて」と**無難なものをお願いしてしまったほうがお互いが気が楽**な場合もあります。もしもざっくばらんな関係性なら経費を割って会費制にしても良いかもしれません。

ただ、持ち寄り料理や手土産には不適切なものもあります。それもこの後の「招かれる側の悩みと対策」に盛り込みます。

2 迎える準備をしよう

人を迎えるのも緊張しますが、人の家に足を踏み入れるのもまた緊張するものです。「ちゃんとあなたの場所がありますす」と自分のスペースを用意されていると、初めてそこで少し安心します。

パーソナルスペースを確保できるように

前章でふれたとおり、椅子は人数分必要です。多ければ片付ければいいのですから、足りないことがないようにしましょう。リビングやベランダなど、当日集まるスペースを整えておくのも当然のことです。たとえ「立食」であったとしても、我々日本人は必ず椅子に座りたくなる習性を持ち合わせています。座る場所は用意しておきましょう。また、ゲストの年齢などによっては、ざっくばらんにカーペットに直に座ろう！　が辛い場合があることは前章でもふれました。そうです、膝や腰に爆弾を抱えている人、結構います。

意外と細かいけど大事なこと

そしてお迎えした時に案外忘れがちなのが**「雨の日の傘立て」**と**「冬場のコート置き場」**、そしてご近所飲み会なら**「自転車を停めておく場所」**問題です。

忘れずに用意して案内したいところですが、特に自転車問題はご近所迷惑になるレベルは避けましょう。実際、頻繁に人寄せをする友達の家は、何度か警察に通報されたと聞きました。この対応には何とも言えない思いはありますが、感覚には個人差があります。ついつい、羽目を外して巻き起こる騒音とともに気をつけたい点です。何しろ、ゲストが帰った後に残されたホストは、そこに住み続けるわけですから。

3 子供が集まる時は事前準備が肝

大人だけで飲む。という状況に達する前に結構「子供つながりで集まる」ということもあります。そんな時は当然大人数になり、大人より子供の方が多い！　という事態だってあります。

子供用の場所、食べ物を用意しておく

たくさんの子供が集まることに慣れているご家庭に招かれたときの対策は参考になりました。**家の中の一角（一部屋）に「子供専用部屋」が用意**されていました。

フローリングの床にはレジャーシートが敷かれ、テーブルには紙コップと皿。ジュースのペットボトルとおにぎりやから揚げ、ミニサイズのホットドッグなど手でつまんで好きなだけ食べられる料理も用意されていました。

目を離せる年齢という前提ですが、そうすれば子供たちは遊んだり食べたり自分のペースでできますし、食べ物をこぼしたりコップが割れたりする心配もありません。

大人と同じ食卓で、大人と同じタイミングで食べる……ということが厳しいのが子供というものです。かといって、遊びに夢中で家に帰ってから「ママお腹すいた」はやめてほしいですから。

この本を手に取っていただいた方は、子育ても一段落して、「おもてなし」と言えば大人だけの集まりが中心かもしれません。でも意外や意外、最近は「孫の面倒」というのも私たち世代からの大きな役割のようです。実際に子供の対応はイメージしておいて損はないと思います。

4 お開きのタイミングを見失わない

最初は2、3時間で帰るつもりでいても、案外グダグダになる可能性があるのが飲み会です。帰る時間のマネジメントはゲスト任せだけではなくホストとしても気にかけたいところです。

最後のお茶を出すタイミング

適当な時間になったらお茶を淹れましょう。そしてお土産でもらったスイーツやフルーツがあったらこのタイミングで出します。ちなみにお茶を出したら2、30分はゆっくりなごみたいので、**終わりの時間が決まっていたらだいたい逆算して準備**しましょう。

お茶の準備はポットにお湯を用意しておいたり、お菓子をあらかじめ器に盛っておいたり、ある程度は事前に済ませておけます。「1杯ずつハンドドリップコーヒーを入れて30分かかった」という知人がいましたが、特別の場合を除きそのこだわりは捨てて、**一度に淹れられるお茶を選びましょう。**意外にお酒を飲んだ後は温かいお茶をたっぷり飲みたくなることもあります。

お茶じゃなくてもいいんです

または、今さらお茶とデザートじゃないよね、と言う場合は**出汁《だし》のきいたスープやおすましも意外にもおススメです。**なぜかシミジミして、じゃそろそろ……という〆の気持ちになったりします。お腹がすいている人にはお茶漬けというトドメをさすすばらしいおもてなしもありますが、これも手がかかることなのでできる人に限ってのおススメです。

5 後日のフォロー

お客様が帰った後は片付けもあるし、それなりに疲れているでしょう。割れやすいワイングラスを洗ったり、大きな音の掃除機をかけるのは勇気をもって翌日に延期してゆっくり休みましょう。

お礼メールは翌日早めに

そして忘れてならないのは翌日のフォローです。今はメールですぐに連絡できる時代です。どんなに二日酔いでも、**「昨日は楽しかった！　来てくれてありがとう」のお礼メール**は1本打っておきたいところです。

洗わずに帰ってきたお皿の気がかりも、もしかして飲みすぎてしまったかもという後悔も、「楽しかった、また来てね」と言葉にされると、「嬉しい記憶」として残るものです。

大切な3つのこと

そして自戒の念を込めて、**飲みすぎない・食べすぎない・お開きの時間を決めておくの3つが鉄則**。はしゃぎすぎて疲れすぎたら「苦い記憶」になってしまう場合もあります。くれぐれも「名残惜しいな」を大事にしてください（と一番自分に言い聞かせている）。

6　それでも「おもてなし」に気後れする人に……

何もいきなり大それたことをする必要はありません。たしかに「おもてなし」に慣れれば楽しみが増えたり、いろいろな新しい挑戦へのきっかけにもなったりしますが、まずは**無理なく自然にできることから始めてみましょう**。

お茶の時間にお招きしてはどうでしょうか？　「ちょっとお茶しに来ない？」とか「ウチが近いから上がってお茶飲んでいかない？」などです。

買ってきたものを並べただけでも「非日常」

先日友達のところへ用事があって出向きました。ご飯時は避けて午後2時過ぎでしたが、これは「おやつタイム」でもありました（笑）。ちょっと込み入った話をしたかったので1時間くらいおじゃまをするかも……とお互い思っていました。するとまずお茶を飲んでざっと話をしてから、「よかったらつままない？」と彼女がサンドウィッチを用意してくれました。

といっても「コンビニのサンドウィッチだよ」ということでしたが、きれいな大皿に小さなサンドウィッチが何種類か、ちょこんときれいに配置されていました。片隅にはポテトチップスと小さなチーズ。「こ、こ、これはおしゃれマダムのティータイムですか!!」と嬉しくて絶叫したのを覚えています。特に主婦は「人が用意してくれたご飯」、「人が淹れてくれたお茶」が本当に嬉しいものです。**買ってきたものでいいのです**。ちょっとお皿に盛り付けて、温かいお茶と一緒に食べればそれはもう「ご馳走」になるのです。

まずはそこから始めてみませんか？

番外編

招かれる側の悩みと対策

ここまでお招きするホスト側の「やること」をお話ししましたが、反対に私たちはゲストになる場合もあります。その時のよくあるお悩みと対策をまとめてみます。

1 手土産編

前述のとおり大人になれば、「気を使わないでね」という言葉を真に受けるケースは稀です。そうです、さすがに手ぶらでは行けません。では、その時にいったい何を持っていくか？　……これは永遠のお悩みテーマです。
友達にもヒアリングしたところ、みんなそれぞれ工夫していくつか定番をおさえているようで参考になりました。

生モノ厳禁

ホストのお宅の家族構成や、集まる人や人数など様々な状況がありますが、**基本的には「常温で保存がきくモノ」**です。つまり「生モノ厳禁」です。常温で比較的長期保存がきくモノなら現場でカブっていても迷惑にはなりません。地元のお煎餅やお菓子、旅行に行った時の地方の珍しい缶詰やこだわりの塩など、皆それぞれ自分の定番を用意しているようです。

ちょっと稀なケースだとは思いますが、初めて彼女の実家に招かれた30代男子の話。都内のお宅へ向かうまえにウチに立ち寄ってお茶を飲んでいってくれました。手には何やら大きな包みを抱えています。聞けば「今朝ウチの裏山でとれたタケノコ」だそうです。「美味しいから彼女の家でもゆでて食べてほしい」とまっすぐな目をして言います。それほど親しくはありませんでしたが、これは全力で止めました。いきなりタケノコは厳禁です。しかも初訪問となればいよいよNGです。タケノコに罪はありませんが、すぐにゆでる・しかも重い・そして新聞紙でくるんでレジ袋に入っている……場にそぐわない点がてんこ盛りすぎてめまいを覚えました。彼女や彼女のご家族が「タケノコをすぐにゆでることになんらストレスを感じない」とは限らないからです。結果、そのタケノコは私がゆでて美味しくいただきました。

冷蔵庫と冷凍庫を占領するべからず

さて、一般的な例に戻ります。気をつけたいのはいくら食べてほしい！　という思いがあっても、決して高級毛ガニを持っていってはいけません（もし食べてほしいなら希望日を聞いて宅配です）。当日、大きな発泡スチロールに入ったものを「冷凍してあとで食べて」と渡すのは基本ご法度です。特に**人寄せをする時の冷蔵庫と冷凍庫はモノであふれかえっているギリギリの非常事態**です。同じ理由で、冷えてないビールや、子供が喜ぶからと大量のアイスクリームもNGです。どうしてもアイスクリームを持っていきたければ、取り分ける必要がある大容量は避けて、そのまま手渡せるカップか棒状のものです。冷凍庫に入れない前提でたっぷりのドライアイスは必須です。

また、密かにあがった声は、**「大量の生ごみが出る料理」**に困ったケースです。実は前述の毛ガニに困った友達はその場で食べましょうと振る舞ったらしいのですが、生ごみの日がだいぶ先で、マンションの自宅内にゴミを置いておかねばならずにおいに困ったと漏らしていました。

また冷蔵庫問題だけでなく保存がきかなかったり、切るのが面倒くさい**「ホールの生ケーキ」なども避けましょう。**これは「その場で食べましょう」という意図だとは思いますが、「切り分ける手間」を考えたらカットしてあるものか、シュークリームです。

さらにデザートに達するまでにお腹いっぱいになったり、酔っ払いすぎて忘れるという私のような人間もいます。または、来週から旅行に行くのでなるべく冷蔵庫を空っぽに近づけたかった……というケースもありました。つまり生モノは負担になる場合が多いということを認識しておきましょう。

ホストの気合やスキルを尊重する

また、最近聞いてなるほど！　と自分も気をつけようと思った事例です。料理が大変得意なお宅に呼ばれた男の子の話です。仕事で遅れて参加する彼は、お宅に向かう途中で「行列の肉まん」を大量に買って登場しました。寒い中わざわざ並んで買ってきてくれたのです。しかし、お招きしたお宅ではプロ並みの料理がズラズラ――っと並び、前菜からメイン、そしてデザートまで、完ぺきなコース料理のようだったと聞きます。そんな時、肉まんの彼はちょうどメインのローストビーフを食べ終わったころに登場しました。残念ではありますが結局、誰も肉まんに手をつけることはなかったそうです。

しかも、ここのホストは料理がプロ並みの腕前で、コース料理でおもてなしをするというのは周知の事実だったらしいのです。そんな主旨を知っていたのに、多分「美味しいから食べてほしい」「入手困難だから喜ばれるだろう」というのは彼なりの厚意とは思いますが、**メインを凌駕するような手土産はいけない**という教訓になったそうです。

悩んだ時は酒か花

ですから私のおススメは、悩んだときは「酒か花」です。保存がききさえすれば自分ではなかなか買わない**ちょっとお高めの「ご飯のお供」も大歓迎**です。特に「ご飯のお供」は疲れ切った翌日や気力がわかない毎日に、家庭の食卓の救世主となり助かる一品です。

もらったまま忘れていた「ウナギの山椒煮」など後日発見した時は、持ってきてくれた人を思い出し「大好きな人リスト」に挙げ心に刻んだりします。また、絶対おススメな美味しいキムチを手土産の定番にしているという話も聞きました。このように、自分のおススメしたい美味しいものや、自宅用ならちょっと迷うくらいのプチ贅沢な食品など、後になって喜ばれるものもポイントが高いです。**保存は常温で、そして最低でも1ヵ月くらいの賞味期限があるもの**を選びましょう。

また私は「お花」というのも実は一番嬉しかったりします。これは若い男の子を招いた時で、もう若い男の子……という時点でウキウキしますが、「手土産に迷ったのでお花を」と小さなブーケを渡された時は愛の告白かと勘違いしてその日一日が上機嫌でありました。

お酒については好みもあるかもしれませんが、基本的に保存がききますので、たとえ飲まなくても次の人寄せの時に役立ちます。ちなみに私はワインが好きなのでたいてい手土産でもらってもその場で飲んでしまいます。翌日空き瓶を見て「あ、これいただきものだった！」と思い出すのです。つくづく瓶が残っていてよかったと思います（その前に記憶をなくすまで飲んではいけない）。

2 持ち寄り料理編

料理教室を開催している立場で実は一番聞かれるのが、「持ち寄り料理のおススメ」と「お弁当のネタ」です。みんな知恵を絞っているようです。これにも失敗がたくさんあり、自分だけでなく人の話を聞くと参考になるものです。

地味にも限度はある

持ち寄り料理で私の最も地味な失敗は「田作《たつく》り」です。そうです、なぜかおせち料理のアレをおせち料理のタイミングでもないのに持参しました。なぜならとても高級な「いりこ」をいただいたからです。お酒好きが集まる飲み会なので、これならつまみになるだろうと思って作って持っていきました。何しろ集まるメンツは「料理が得意」な人ばかりなので、華やかなメイン料理はお任せしようと勝手に「持ち寄り料理レース」の花形からドロップアウトしたのです。ところが地味にも限度がありました。結局、茶色い硬い物体は誰からも見向きもされず、私はひそかにパックを閉じて家に持ち帰りました。持ち寄り料理には**ある程度の華やかさという見映えも必要**です。

同じように友達の失敗例を。いっぱいお酒飲むし、きっとお腹いっぱいになるだろうけど、そんな時でもやっぱり野菜をたくさん摂りたいよね！　と、さすがの主婦目線でサラダを持っていきました。ところがお宅に着いてタッパーを開けたら野菜から出た水分でべちゃべちゃに。お世辞にも美味しそうには見えず……結局、彼女もひそかに持ち帰ったそうです。

そうです、何を作るかも大事ですが、**時間がたっても見た目が劣化しないのも大**

事です。これには私も実際、苦い経験があります。酒飲みには大好評の「大根と豚バラ肉のピリ辛煮」を持っていった時のこと、先方のお宅に着いてタッパーを広げたら、表面に豚肉の脂が膜を張り、変わり果てた姿がありました。蠟《ろう》で出来た偽物のようです。結局レンジを借りることになりましたが、忙しそうなホストに手間をかけさせました。レンジくらい……と思うかもしれませんが、ホストがたまたまどんな状況かはわかりません。もしかしたらレンジでは冷凍ものを急ぎ解凍しつつ、揚げ物をしながら急ぎ玉ネギを刻み、涙を流している真っ最中かもしれないのですから（今はムリ……そしてキッチンぐっちゃぐちゃな瞬間）。

美味しいものであることはもちろん、持ち運べ、時間がたっても大丈夫など、持ち寄り料理のハードルは意外と高いものです。前述のレンジを借りたことに関連して困った事例をひとつ。持ち寄りを持ってきてもらうホストの立場でのNG体験です。

実際に困ったこと

とにかくマメに料理を作る友達がいました。おもてなしにも慣れている友達です。その日も彼女は「欧米か！」とツッコミたくなるほど巨大な耐熱皿に焼いていないポテトグラタンを持ってきてくれました。「あとは焦げ目がつくくらいオーブンで焼いてね！」と手渡されました。熱々で食べましょうという彼女の「配慮」です。「あとは焼くだけだから」と。

しかし当時の我が家の電気オーブンは10年以上前の使い古し。けれど、せっかく持ってきてくれた料理を出さないわけにはいきません。焼かなければ食べられないので急いで最高温度で予熱を始めましたがなかなか完了しません。結局、30分近くかかったでしょうか？　予熱が完了したらすぐにグラタンを入れて焼き上げたいのでキッチンから離れることができず、片付けなどをして所在なげにしていました。その間も彼女の「あれ？　私のグラタンは？　まだ？」という視線を時折痛く感じながら。

料理上手な友達が作ったグラタンは美味しいこと間違いナシだし、たっぷりチーズが溶けた状態でテーブルに出したらどんなに歓声があがるでしょうか！　けれど、欧米サイズの巨大グラタンをポンコツオーブンで焼き上げるのは予想外に時間がかかり、中まで火が通っているか確認するために竹串を持ちっぱなしの私は、何度も焼き加減をチェックするうちに疲れ果ててしまいました。結局そっちに気が持っていかれて、自分が予定していた料理を作るどころではありませんでした。

ちなみにこの種の同ジャンルには「冷凍ピザ買ってきたから焼いてね」「焼豚を切るから包丁貸して」もあります。

持ち寄り名人、相手を煩わせず

完ぺきな持ち寄りとは行先のお宅ではレンジや包丁すら借りず、「**広げてそのまま**」が私の理想です。それが「持ち寄り仕事人」とも言うべき私の目指す姿です。

ちなみに他人に厳しい私は、「持ってきたもの盛り付ける大きめのお皿貸して」もご法度です。一般家庭に「大きなお皿」はそれほどないのです。「持ち寄り、相手を煩わせず」と心に刻んでください。

後述のレシピではいろんなクレームやお悩みに寄り添い、おススメの品を載せました。どれも食材をアレンジすれば印象が変わり「いつものアレね」と飽きられることもありませんし、持ち運びも問題なく、お宅に着いたら器を広げるだけです。

最後に、前述した「ポテサラの彼女」の話です。彼女はいつもポテサラを持参しますが、只者じゃない！　と感心するのは毎回具材と味付けを変えてくるのです。

そうなると「今日はどんなポテサラ？」と楽しみにもなります。迷わずにその地位を確立した彼女に尊敬の念すら覚えます。

おもてなしの現場から

もう来ないで

会社の同僚の新居に子連れ家族が呼ばれて集まった。それぞれ年次が違う子供が集合したリビングにつながる和室は「保育園・密着24時間！」状態。

そんな中、我が家の一人っ子王子は当時6歳の保育園の年長さん。普段家では一人なので、人見知りのクセして「友達好き」という一人ツンデレなタチ。そんな我が子は24時間保育園がやたら嬉しかったようで、スイッチが入りまくって軽くトランス状態。手当たり次第好みの子供の服をまくり上げお腹にチューをする。なぜ……？　なぜそんなことをする？　いったい誰に習った？

するとホストのお宅の長男君（うちの息子と同い年）が大きな声で言い放った。

「この子、もうウチに来ないで」

は？　え？　……あ！　そうだよね。相性ってあるもんね、ごめんよ。と思いつつ、こういうの大人は絶対口に出せないもんな……と子供の素直な感情表現に逆に晴れ晴れとした。というか、我が息子よ、手当たり次第に腹にチューは止めてくれ……ではなく、状況と相手を見てやりなさい。と帰り道に教えた。わかったかわからないかわからないけど。我が家の教育方針はそれ。確かに合わない人もいるでしょう。

第三章

メニューの組み立て方

前章で「5品で構成するお品書き」の概要をお伝えしました。この章ではまず初めに各アイテムごとの基本的な考え方からアレンジアイデアをお伝えします。その後、実際のレシピを写真とともにご紹介します。レシピページには「盛り付けのコツ」などワンポイントも書き添えました。まずはとにかく簡単そうなものから始めて、慣れてきたらいろいろ工夫してみるのも楽しいものです。

4つのアイテムから 5品で構成する お品書き

1

前菜2品

①テーブルに出しておける前菜
②冷蔵庫からすぐ出せる前菜

2

メイン1品

3

炭水化物1品

4

その他1品

I 前菜2品

このアイテムは2パターンあります。常温で出しておけるものと、あらかじめ作って冷蔵庫に入れておき来客時にすぐ出せるものの2つです。

どちらもポイントは「ぱっと見がキレイで手を伸ばして取り分けやすい」という点です。

私の過去の経験からおススメしたいのは「ポテサラ」と「ディップ」です。特に「ポテサラ」とはポテトサラダの略称で、実に幅広いアレンジが可能です。したがって料理名ではありますが、カテゴリーとして扱います。

そして「混ぜるだけ」で完成するディップは、一番簡単にできる料理です。

また、それ以外にもあらかじめ作っておいてお客様が来たらすぐに冷蔵庫からテーブルに出せる「ラペ」や「カルパッチョ」、「サラダ」などもおススメです。

I

①テーブルに出しておける前菜

ポテサラ

↓レシピ146ページ
粒マスタードで大人のポテサラ、ハムと卵のポテサラ、根菜の和風ポテサラ、さつまいもとカリカリベーコンのポテサラ

「ポテサラ」は「いも」さえゆでれば（レンジ加熱でも）マヨネーズなどで味付けして一品になる基本アイテムです。そして味付けや具材のアレンジもとても幅広くあるのです。さらに余ったら、お弁当のおかずになったり、丸めて揚げてコロッケにしたり……「余って良かった」とすら思える料理です。

カラフルなポテサラ

また最近は「いも」にもいろんな種類が出回っています。中身の色が黄色や紫色などいろんな色のいもを使えばそれだけで特別感がでます。ただし、紫色

は色移りするので別々に加熱して下さい。普通のじゃがいもと紫いもを一緒にゆでて全部が「うっすらとした紫」になった物体はちょっとホラーです。

ゆでたらそのまま潰さずにマヨネーズとマスタードで軽く混ぜるだけでかなりおしゃれな一品になります。特に女性からは「なにこれー、キレイ！」と驚かれること間違いなし。男性は多分気づかないので、それとなく説明してあげましょう。「コレハイモデスヨ」と。

味付けアレンジ：カレー粉、柚子胡椒、ウスターソースなどを隠し味に使うと味が締まる。卵黄やバター、生クリームを混ぜるとマイルドに。

具材アレンジ：きゅうりの塩もみ、切ったハム、潰したゆで卵、ツナ缶、刻んだ漬物、ナッツ、ポテトチップス、じゃこ、スモークチーズ、余っているふりかけや塩昆布。

季節感を出す：〈春〉新玉ネギ、しらす〈夏〉みょうが、とうもろこし〈秋〉さつまいも、かぼちゃ〈冬〉レンコン、ごぼう

ディップ

→レシピ148ページ
熱々カマンベール、味噌のバーニャカウダ、サルサソース、岩のりマヨネーズ、ツナペースト

ディップと言われるソースも様々あります。温かいものや冷たいものまで、季節によって選んでみましょう。

おしゃれで人気なのは「バーニャカウダ」と「アヒージョ」

特にそのネーミングからして煙に巻かれている感じが一層興味をそそります。バーニャカウダとアヒージョはどちらも一見ハードルが高そうですが、基本材料は「オリーブオイルと塩分」のみです。ちなみにご存じですか？　バーニャカウダとは直訳すると「あたたかいソース」、アヒージョとは「刻んだニンニク」という意味です（諸説あり）。そう思ったら簡単だし、イメージもわきませんか？　そうですあたたかいソースならなんでもバーニャカウダです。そして刻んだニンニクとオリーブオイルで加熱すれば結構なんでもアヒージョなのです。ここは堂々と名乗ってやりましょう。

アンチョビや生クリームがなくても大丈夫ですし、他の食材で代用もできます。

大切なのは「添える食材」

そして何より、ディップ料理をおしゃれに見せるコツはソースよりもつけて食べる食材です。ここぞとばかりにブロッコリーや人参やプチトマト、ラディッシュなど色とりどりの野菜やバゲットを盛り付けてみましょう。ソースを何種類か用意すれば食べ飽きる事もありません。その場合の簡単なソースの代表選手は「マヨネーズに混ぜる」だけでできるものです。余っている調味料や缶詰と混ぜて使い切りましょう。

余ったディップの行く末

余ったディップはパスタソースにもなれば、パンに塗ってハムや玉ネギ、チーズをのせてトーストにすれば「なんちゃってピザトースト」になります。あたためるディップ以外は持ち寄りにも便利なので、小さな瓶に入れて持っていきましょう。持ち寄りのお宅へ行く途中のパン屋さんで「バゲット」を買って小脇に抱えておしゃれに登場するのもいいでしょう（ベレー帽必須）。

意外なアヒージョ

「アヒージョ」はワインにとてもよく合いますよね。オリーブオイルとニンニクと一緒に具材をぐつぐつ加熱したもので、主にパンにたっぷりつけていただくのです。定番ではエビやキノコなどがありますが、意外や意外、最近のヒットは「茄子《なす》」です。皮をむいて乱切りにした茄子を一緒に加熱します。とろとろの果肉が何とも言えず幸せな気分にさせてくれます。

肉を巻く

↓レシピ150ページ
ひき肉カレーそぼろ、タンドリーチキン

野菜ばっかりじゃ物足りない……という場合にはレタスで肉を巻いてみてはどうでしょう。そぼろや鶏肉のソテーとレタスなどの葉物を置いておき、各自が自由に巻き巻きします。

場持ちと腹持ちがする優秀な料理

自分で材料を選び、巻いて食べるとなると思わず没頭してしまいます。そうすると結構間が持ちます。これはもてなすホストとしては手と目を離すことができるのでちょっと余裕が生まれます。そしてお肉なので腹持ちもいいです。さらに細く切ったキュウリやスライス玉ネギ、食べる直前につける「辛い味噌」なんかを用意しておけば、もうこれがメインでいいんじゃないでしょうか……とすら思います。

一方、巻くものは葉物以外にもサンドウィッチ用パンや、ロールパンにはさむのも子供や腹ペコさんにはウケます。「よく食べる」メンツの時には最初に炭水化物を欲しがりますから……。

タコスパーティーにだってできる

また、市販のトルティーヤを軽くフライパンであぶれば「タコス」になります。千切りしたレタスや野菜と一緒にサルサソース（148ページ）をかけてもりもり食べられます。BGMはメキシコのポップな音楽を流せばテーマ性あふれるおもてなしになったりします。だれかウクレレ持参で奏でてもらってもいいですね！（って、いますか？　あ、ウクレレじゃないか……）。

〈メニュー例〉ジャークチキン

鶏もも肉をビニール袋に入れて、スパイス（チリペッパー・パプリカ・クミン・ニンニクすりおろし・オリーブオイル・塩こしょう）で半日漬けこみフライパンで焼く。

酢で漬ける

↓レシピ151ページ
鮭の南蛮漬け、野菜の甘酢漬け

さっぱり食べられる酢を使った料理はおもてなし料理に1つは入れたいアイテムです。同じタレで「南蛮漬け」や「野菜の甘酢漬け」と、いろんな料理になります。さらに便利なのはこれらはでき立てでも、冷蔵庫でしっかり味をしみこませて冷やしてもどちらでも美味しいことと、何しろ野菜がたっぷり摂れるので嬉しいおつまみでもあります。私もおもてなしには必ず入れる一品です。季節によって具材を変えたり、南蛮漬けは魚でも鶏肉でもどちらでも美味しくできます。

タレの意外な利用法

またココだけの話、漬けこんだタレが余ったらオイルを少し足してみてください。「ドレッシング」としてよみがえります。野菜や揚げた魚や肉の出汁が出ていますので、お豆腐やツナサラダにかけても美味しいのです。また荒業ですが、ゆでたそうめんにタレと一緒に野菜や魚や肉ごとぶっかけて「具だくさんそうめん」にして夏休みの昼ごはんをしのいだりもできます。「来る日も来る日もそうめん」という日常に一石を投じてくれます。中華麺をゆでて変わり冷やし中華もおススメ！

南蛮漬け

具材アレンジ：サーモン、かつお、エビ、ししゃも、鶏むね肉（ささみ）

季節感を出す：〈春〉さわら、初ガツオ〈夏〉アジ、キス〈秋〉鮭〈冬〉タラ、ぶり

野菜の甘酢漬け

具材アレンジ：茄子、ししとう、ピーマン、かぼちゃ、ごぼうなど。野菜は大きく切ったほうが豪華に見える。トッピングに小ネギやちぎったカイワレをこんもり盛り付けてどうぞ。

I

②冷蔵庫からすぐ出せる前菜

混ぜるだけ・和えるだけ

↓レシピ152ページ
紫キャベツのラペ、豆サラダ

調味料で混ぜるだけ、合わせてなじませるだけなど、あらかじめ作っておける料理はたくさんあります。ここで事前に品数を稼いでおけば、当日慌てることもありません。

持ち寄りにも最適なラペ

私自身がハマって一時期は持ち寄りと言えばコレと決めていたのは人参ラペです。千切りにして塩でしんなりさせたら酢やオリーブオイル、コクを出したい時は少量のハチミツを。具材は野菜だけでなくツナ缶やちくわ、ハム、レーズンやゆでたインゲンなどを混ぜてボリュームアップしてもいいでしょう。鷹の爪や、おろしにんにくを入れても面白いです。

具材・味付けアレンジ：味付けは粒マスタードやわさびなどで少し辛みを足したり、ヨーグルトで酸味を足すと味が締まってちょっとプロっぽい味になります。

意外に人気な豆サラダ

豆を使ったサラダは好き嫌いがある……という声もありますが、これは料理教室でご紹介しても大人気のレシピです。市販の「豆の甘煮」や「缶詰」で作れば「豆を煮る」という気の遠くなる作業をスルーできます。市販のイタリアンとかフレンチドレッシングをかけて漬けこんでおけばいいのです。豆料理は持ち寄り料理としても他の人とかぶらないので珍しがられます。そしてヘルシーなので、もはやゼロキロカロリーかもしれません（いいえ、違います）。

〈メニュー例〉コールスロー

キャベツと玉ネギの千切りを塩でしんなりさせてマヨネーズで混ぜればシンプルに完成ですが、それではおもてなしとして芸がありません。そこでおススメな具材は「皮つきのリンゴ」です。完成したサラダに加えると、赤い色がアクセントになっておしゃれに見え、食べると甘酸っぱくて女性にウケます。サンドイッチやホットドックに添えても合います。

〈メニュー例〉サーモンピクルス

これはちょっと手間がかかりますが、料理サロンで人気の前菜です。多分普通のピクルスを想像するとちょっと違います。タレをひと工夫するのです。

タレは、玉ねぎ1／2個すりおろし、酢大さじ2、油70ｃｃ、砂糖小さじ1、塩小さじ1／2を混ぜて出来上がり。具材は大根、人参、セロリを4センチほどの拍子木切りにして少量の水でゆでます。ゆで終わったら温かいうちにタレに漬け込み、スモークサーモンも一緒に合わせます。タレは玉ネギドレッシングとしても使えますので余ったら普通のサラダにかけてもいいでしょう。おしゃれに盛り付けるとクリスマスなどのおもてなしに最適です。

〈メニュー例〉**ブロッコリー卵サラダ**

なんてことないサラダですが、なぜかおもてなしでテーブルに出すと一番早くなくなるメニューです。パッと見て味が想像しやすいのと、手を伸ばしやすい、年齢問わず食べやすいことが理由かもしれません。

ゆでたブロッコリーとカラを剝いたゆで卵をビニール袋に入れます（洗い物が少なくて済むポイント）。ゆで卵はビニール袋の上から手で割ります（その方が調味料が絡みやすい）。そしてマヨネーズと少量のウスターソースを入れて袋を振って味を絡めます。そのままお皿にドサっと盛り付ければ出来上がり。ブラックペッパーを振りかければ一層食欲をそそります。お好みでカレー粉を足してもOK。

〈メニュー例〉**ピリ辛大根マリネ**

フライパンにごま油を入れて大根（厚さ1センチのいちょう切り）を中弱火で焦げ目がつくまでじっくり焼き、マリネ液に漬けこみます。マリネ液はコチュジャン（大さじ1）、醬油（大さじ1）、酢（小さじ1）に、お好みですりおろしにんにくを少し混ぜ合わせます。お酒のお供に大活躍の一品です。大根と一緒にしいたけも焼いて漬けこむのもおススメです。

〈メニュー例〉マグロポキ

おもてなしでは魚料理が少なくなってしまう事が多いようです。これは混ぜるだけ、しかもご飯にのせてもOKなので、食べ足りないときなどに小さな器に個別に盛って〆に出してもいいでしょう。マグロのぶつ切りを醤油とレモン汁（2：1の割合）で絡め、塩とお好みでごま油かラー油を少し足します。食べる直前に切ったアボカドにレモンを絞ったものを加えて完成。サーモンで作っても美味しい。仕上げに小ネギや白ごまをたっぷり振りかけると見た目も美味しさもアップします。

カルパッチョ

→レシピ153ページ
豆腐の和風カルパッチョ、かまぼこの中華風カルパッチョ

薄切りの白身魚にドレッシングをかけて、彩りがきれいな野菜を上品にちりばめれば完成！ ドレッシングだって市販のものでも構わないのです。これは盛り付け勝負の料理で見た目からしてテンションが上がります。ただ、お高い白身魚のお刺身をそんなにたくさん用意するのはちょっと……という場合もあります。何しろ値段などお構いなしのうちの旦那など、ガ——っと一気に箸を滑らせ半分くらい自分の皿に取ったりします。まったく困ったもので、お客様が帰った後でキツく叱りますが全く学習効果が見られません。

食材は白身魚や肉でなくても良い

そんなときの対策として、薄く切ったかまぼこやお豆腐、さしみこんにゃくでもいいのです。多分酔っぱらったら白身魚だと思いこんで食べているに違いありません。不思議な事にドレッシングをかけてプチトマトとベビーリーフな

どでデコレーションすれば立派におもてなし料理の主役を張れるのです。

もし、ドレッシングを自分で作ってみたい……という欲望に目覚めた方は、オリーブオイルと酢＋塩で完成です。酢は柑橘を絞ったりリンゴ酢などお好みの酢を使ってもリッチなお味になります。トッピングにナッツやハーブをたっぷりのせてもいいでしょう。

サラダ

↓レシピ154ページ
春菊と柑橘のサラダ、豚しゃぶサラダ

必ず入れる一品ですよね。そうです、時代は変わりました。私が小さい頃（半世紀ほど前）サラダといえばキャベツを刻んでハムをのせたもの以外、お目にかかった事はありませんでした。もちろんドレッシングなどまだ庶民の生活に浸透する前で、かけるものはマヨネーズかソースでした。ちなみに近所のお米屋のおじさんは、お嫁さんが晩ごはんに必ず「キャベツとレタスを盛った皿」を出したそうで、とうとうある日「俺はうさぎじゃない！」とブチぎれた……という話を聞きました（ええ、大人の世間話を子供はよく聞いているものです）。時は昭和40年代前半。サラダなんてまだなじみはなかったのです。野菜は漬物か煮物でとった時代……つくづく変わりましたね。今や主食級の扱いで、ＯＬの命綱であり、ダイエットの隠れ蓑という立派な立ち位置を獲得しています。

サラダが美味しくなる最大のコツ

野菜メインのサラダを美味しくする最大のコツは「野菜の水気を切ってよく冷やす」です。以前友達の家で食べた、キュウリとトマトのサラダがあまりに美味しくてレシピを聞きました。すると塩、オリーブオイル、レモンだけとのこと。あまりのシンプルさに「いや、絶対何か隠している」としつこく問いただしましたが、結局ポイントは「よく冷やせば美味しい」ということ。料理上手ってこういう基本的なことができていることなのかも……と雑な自分を反省しました。

肉をのせるサラダでボリューム確保

また、せっかくのおもてなしですからいつものサラダからちょっとアレンジしたいものですよね。レシピページでは「肉をのせるサラダ」(155ページ)も紹介しています。肉と野菜が一緒にとれるし、特に男性が多いおもてなしでは大満足の一品になります。

しょうが焼きや焼肉のタレで焼いた牛肉……というと男子の晩ごはんのようですが、たっぷりのサニーレタスの上にのせると豪華なおもてなしサラダに見えるから不思議です。馬子にも衣装……ならぬ肉にも野菜といったところでしょうか?

肉をのせるだけでメインでもイケる。薄切りの豚バラ肉をゆでてポン酢醤油をかけて野菜と一緒に豚しゃぶサラダ。牛肉は焼肉のタレで焼いてのせれば焼肉サラダに。焼肉のタレやポン酢はオイルを混ぜたらドレッシングになります。

彩りがキレイなフルーツサラダ

グレープフルーツ、いちご、キウイ、はっさくなど、甘酸っぱいフルーツは味のアクセントとともに彩りもアップします。ぜひ使ってみましょう。また葉物だけのサラダでもトッピングにポテトチップスや、おつまみナッツを砕いたものを振りかけたり、韓国のりを揉んでどっさりかけるというのもひと工夫です。

基本のドレッシング

「酢＋オイル＋塩」で完成。酢とオイルは同量かオイル少な目でもＯＫ。酢の代わりに柑橘を絞ったり、ピクルスの汁でもよい。オイルはオリーブオイルやごま油など食材との相性を考えて。塩は塩分と考えられるので、刻んだ漬物やたたいた梅干し、ほぐしたたらこなどアイデア次第。

固めるだけ

これは比較的気力がある時におススメの料理です。粉ゼラチンで固める前菜なので、思うほど難しくはありません。ゼラチンの適量は液体250ccに5g（1袋）と覚えておきましょう。しっかりめに固まる配合です。

それにしても、クリアなゼリーの中にいろんな食材が入っているという中身スケスケ状態……というのは魅力的なものなのですね（笑）。当然、中に入れる具材をカラフルにするとおもてなし感がぐっと増します。

〈メニュー例〉コンソメゼリー寄せ（小さ目グラス4個分）

鍋に250ccの水とコンソメ（キューブ1個・4g）を入れて加熱。沸騰する前に火を止めて、粉ゼラチン（5g・1袋）を大さじ1の水でふやかしておいたものを溶かし混ぜます。野菜（トマト・キュウリ・パプリカ・ゆでたオクラ）、エビなどを透明なグラスに入れてコンソメ液を流し入れて冷やし固めます。特にオクラは小口切りにすると「お星さまだ!」と子供に喜ばれます。もちろん子供の心を忘れない大人だって喜びますから、クリスマスメニューにぜひ。

〈メニュー例〉ツナのテリーヌ

材料はツナ缶2缶、牛乳150cc、マヨネーズ大さじ5、レモン汁大さじ1、粉ゼラチン(10g・2袋を大さじ2の水でふやかし、レンジに20秒かけて液体にしておく)。ゼラチン以外をミキサーに入れて混ぜます。そこに液体になったゼラチンを混ぜ合わせ、ラップを敷いた牛乳パック(またはタッパー)に注ぎ冷やし固めます。

1センチくらいのスライスにして出すとレストランのような一品になります。

中にゆでたブロッコリーやウズラの卵、サラミなどを入れてもキレイ。小さめに切ってバゲットにのせて出してもおしゃれでしょう。

2 調理器具別のメイン料理

オーブン&レンジ

↓レシピ156ページ
ミートローフとグリル野菜、茄子のラザニア風

メイン料理はボリュームが出て手離れがいい料理を選びましょう。〝手離れがいい〟とは、鍋やフライパンの前に付きっきりで長時間作業しなくても、放ったらかしで出来上がる料理です。出来上がり時間を逆算して用意できることと、耐熱容器を利用すれば盛り付けの手間を省けるメリットもあります。お客様が来たらまずはホストも一緒に乾杯して座ります。前菜をつまみながらおしゃべりして、場を和ませるのがお招きした人のマナーだと思っています。そして頃合いをみてそっと席を立って手早く用意したいのがメイン料理です。

手離れがいい調理法でおもてなしに余裕を

したがって、ボタンひとつでお任せできるオーブンやレンジはもってこいの調理法です。タレに漬けておいた肉をオーブンで焼く際にも、一緒にじゃがいもや根菜をグリルすればそれだけで肉と野菜を盛り合わせて出すことができます。また大きめの耐熱容器でレンジ加熱して作る料理はその容器のままテーブルに出せば熱々を食べる事ができます。盛り付け用の大きなお皿も不要になり、洗い物の手間も省けますよね。156ページのレシピでは各1つずつご紹介しています。どちらもボリュームがあって食べ応えがある料理です。また同じ肉でも「ひき肉」を使えば、切ったりするひと手間がないのも手軽なポイントです。

〈メニュー例〉オーブンでスペアリブ

インパクトがある料理なのでメインにおススメです。スペアリブ（10本・軽く塩こしょう）を漬けダレ：醤油（大さじ4）、みりん（大さじ4）、酒（大さじ3）、生姜（すりおろし小さじ1）に半日ほど漬けこみ、200度のオーブンで30分焼きます。前日の夜にビニール袋の中で漬けこんでおけば、当日は焼くだけで簡単です。

〈メニュー例〉レンジでカニ巾着蒸し

レンジで作る茶碗蒸しのようなものですが、出来上がったものをお吸い物の中に入れれば、「カニしんじょう」として、ちょっとかしこまったおもてなしにも使えます。絹ごし豆腐（1丁300g）を水切りする）をボウルに入れて手でつぶしながら、カニ缶（1缶）、卵（1個）、醤油（小さじ2）、パン粉（大さじ2）、片栗粉（大さじ2）、塩少々、生姜（すりおろし小さじ1）をよく混ぜる。ココット中に大きめにラップを敷いて材料を流し込む。ラップの上の部分を輪ゴムで束《たば》めてレンジ（500W）で4分加熱。市販の麺つゆを薄くのばし、片栗粉でとろみをつけて「餡《あん》」としてかけるのもおススメです。

フライパン

↓レシピ158ページ
りんごのローストポーク、マグロのごまステーキ

毎日の調理で一番使用頻度が高く、使い慣れている調理器具なのではないでしょうか？　失敗が許されないおもてなし料理においてこれを使わない手はありません。

レシピページでは蓋をして蒸し焼きにするものと、短時間で焼き上げる2品を紹介しています。その他にも余熱で火が通ることを利用して、5分で完成するローストビーフもあります。

〈メニュー例〉**ローストビーフ**

牛かたまり肉（300g位）を常温でしばらく放置して塩こしょうをしっかりしてオイルを周りに塗り付けます。ちょうど化粧水の後のクリームを顔に塗る要領です(笑)。熱したフライパンで全面焼き色を付けたらタレ(赤ワイン・ウスターソース・醤油各40cc）を入れて中弱火で肉を転がしながら5分。火

を消したら、フライパンに肉を入れたまま蓋をして冷ましてから切ります。

何とも簡単ですが、ちょうどよく火が入り豪華な一品になります。切った肉にソースをかけても、マスタードや塩やわさびで食べるのもおススメ。泣く子も黙るローストビーフは私の本でも繰り返しお伝えしていますが、実は超簡単にできる料理でもあります。

鍋で蒸す

→レシピ160ページ
白身魚の中華蒸し、ドーム型焼売

最近一番リピートするのはこの調理法です。何しろ油が程よく落ちてさっぱり食べられる。野菜の甘味が出る。タレをかけて好きなようにカスタマイズできる、と妙齢の集まりには一番喜ばれます。また蒸したての湯気が出る熱々を食べるのは「ごちそう感」がとても高まるものです。

蒸し器がなくてもできる

よく「蒸し器がない」と言う声を聞きますが、蒸し物に蒸し器は必要ありません。蓋ができる深めの鍋に2センチほど水を入れます。ココットやお猪口《ちょこ》など4、5センチほど高さのある器をさかさまにセットしてその上に食材を入れた皿をのせて蓋をすれば「即席蒸し器」の完成です（160ページ参照）。

〈メニュー例〉もやしのニンニク蒸し

たっぷりニンニクをきかせると美味しくなります。皿にもやしと3センチくらいに切ったニラを敷き詰め、豚の薄切り肉とニンニクスライスをのせる。前述の要領で蒸して、ポン酢をかけていただきましょう。

鍋ごとドン！と出す

↓レシピ162ページ
トマトとポテトの重ね煮、切り身魚のブイヤベースおしゃれな鍋でなくても結構大丈夫です（自分調べ）。なぜなら熱々の湯気やとけるチーズ、蓋を開けた時の香りなど……目の前にある出来立て料理の迫力で「え？　これ普通の鍋だよね」という小さなことは結構気にならないものです。そう、自信をもって出せばいいのです。ただ、鍋敷きくらいは間違っても新聞紙などで代用せず、きれいなものを使いましょう（笑）。

一発で作る焼きそば

ソース焼きそばだと「日常」っぽすぎますが、鶏ガラスープの素を使った塩焼きそばはなぜか特別感があります。子供ウケもいいですよ！

フライパンに薄く油をひき、豚の薄切り肉を敷き詰めます。上にほぐした焼きそば（2袋）と細切りにした人参、しいたけ、白菜を麺と同量くらいのせます。調味料は鶏ガラスープの素（小さじ2）、オイスターソース（大さじ1）。ごま油をひと回しし、お好みでラー油を数滴加えて蓋をして中弱火加熱。湯気が出たら蓋をとって混ぜ合わせて塩こしょうで味を調節します。

3 やっぱり欲しくなる炭水化物

やっぱりどうしても欲しくなりますよね……特にお酒を飲まない集まりなどは少しでもお腹にたまるお米やコナモノが欲しくなります。

ご飯もの

↓レシピ164ページ
サーモンケーキ寿司、炊き込みカレーピラフ、ザーサイ混ぜご飯

炭水化物で間違いないのは米です。鍋ものをしたあとの雑炊は冷凍ご飯をそのまま入れて煮込んでもいいので、新しくご飯を炊かなくてもＯＫです。またチャーハンなどはレンジで加熱したご飯を使えるので、米を煮る・炒める調理の場合は冷凍ご飯を活用してもいいでしょう。

あらかじめ作っておける酢飯系や、炊飯器にお任せしてしまえる炊き込み系

は便利な調理法です。特に酢飯系のちらし寿司はケーキ型で作ったり、グラスに入れてもキレイです。特にケーキ寿司はお祝いの席で喜ばれますよ。

白いご飯に材料を混ぜるだけの混ぜご飯系も便利な一品です。「シソ風味ふりかけ＋オリーブオイル」、「食べるラー油＋韓国のり（揉んで砕く）」、「漬物みじん切り＋バター＋粉チーズ＋ブラックペッパー」など、家にある食材で意外と美味しいメニューが生まれます。

カンタン酢飯のつくりかた

酢飯ってちょっとめんどくさい……と言う方は、温かい白いご飯に市販のガリを刻んで、ついでに漬け汁もかけてさっくり混ぜ合わせれば出来上がりです。思うより簡単です。

また炊飯器で酢を入れて炊いてしまう方法もあります。知らない方には驚かれますが、水っぽくなったり、味がばらつくことはありません。むしろ酢を入れて加熱することで、酸味の角が取れてマイルドになるようです。白米二合に対して炊きこむ水分と調味料は、酢60ｃｃ＋水３００ｃｃ、塩小さじ1、砂糖大さじ1が目安です。この方法で炊飯器で炊く場合はいったん米をといで水（300cc）だけを入れて30分ほどきちんと浸水させてから酢・塩・砂糖を入れて軽く混ぜて炊飯器の「炊飯」のスイッチを入れます。

〈メニュー例〉トマトの炊きこみご飯

米2合をといで、30分水に浸水させていったんザルにあげます。炊飯器の内釜にセットして2合の白米炊飯の線まで水を入れてから大さじ3の水分を取り除きます。玉ネギ1／4個みじん切り、塩小さじ1、ケチャップ大さじ2、トマト1個（なるべく完熟のものをヘタを取って十字にキレ込みを入れて上にのせる）。炊飯のスイッチを入れて炊き上げ、トマトを崩して混ぜて出来上がり。

ショートパスタ

→レシピ166ページ
簡単ジェノベーゼ、定番ナポリタン

取り分ける手間や、伸びて味が落ちる心配があることからロングパスタ（スパゲティ）ではなく「ショートパスタ」がおススメです。ペンネやマカロニなどお好みで選んで下さい。
ソースはできれば事前に作って、瓶に入れて冷蔵保存しておきましょう。ソースとパスタをゆでるという同時の作業は結構パニックになりやすく汗だくになってしまいますから。当日はゆでたパスタに用意してあるソースを絡めるという、仕上げだけにしておきましょう。レシピページに紹介した以外にも、クリーム系のパスタも寒い時期には喜ばれます。

〈メニュー例〉ポルチーニのクリームパスタ
鍋に牛乳400ccを鍋に入れ、ココット1杯程度の乾燥ポルチーニを浸してふやかしてから沸騰しない程度に温め、生クリームと塩こしょうを入れて混ぜて味を調えます。最近はおしゃれな食材店などで「乾燥ポルチーニ」が手に入ります。ビックリするくらいの風味が出るので他に具を入れなくても立派に味をまとめあげる、まさにブラボー食材です。それでもコクが足りなかったら仕上げに粉チーズをたっぷりどうぞ。

〆のそうめん

→レシピ168ページ
普通のそうめん、おしゃれそうめん

「最後に黙らせる」アイテムです。夏休みの昼ごはんにはあれほど「え――また？」と嫌な顔をされたのに、大勢でツルツルすするそうめんはなぜウケがいいのでしょうか？

私がこのそうめんのポテンシャルに気づいたのは、花見の後の飲み会でした。友達家族と大人数で花見をしていましたが、日が落ちても飲み足りないメンバーが我が家に流れ込んできました。

もちろん大人も子供も入り乱れて……です。もうお酒はたっぷり飲んだけど何となく「小腹が空いている」のと、「テンションが収まらない」不思議なモード。当然急にたくさんの人が来た我が家には「おもてなし」できるような食材もこれといってありませんでした。でもさすがにかわきものは食べつくした……という面倒くさい事態です。そんな時ふとストック棚にいただき物の「そうめん」の箱を発見しました。一瞬迷ったものの、ま、さっぱりするからいいか……と思い、ゆでて市販の麵つゆを水で割った手抜きつゆを用意しました。そうめんもお皿に山盛り状態です。するとどうでしょう！　みんな奪いあうように食べだしたではありませんか！　……そんなにひもじかったのか……とも思いましたが、意外にもダラダラ飲んだ後の妙な状態のお腹にはさっぱりシンプルなそうめんがストライクだったようです。

それ以降、飲み会の〆に困ったら「そうめん」です。当然アレンジもせず普通のそうめんです。それでも気が引ける場合や、やる気がみなぎった場合に対応できるようにアレンジレシピも169ページでご紹介しています。

〈メニュー例〉中華風そうめん

コチュジャンとごま油で和える。甘酢を足しても美味しい。具材はキムチやキュウリ。温泉卵をのせると豪華になる。たっぷり白ごまをふって。

4 その他、スープや副菜など

スープ

最後になんとなく汁物が恋しくなる時もあります。すまし汁など軽めな汁物か、翌日の二日酔い防止にシジミの味噌汁を出してくれる友達もいます。当然、一口すすり全員「あ――」となる妙な光景が広がります。すまし汁も、味噌汁もイチからちゃんと作るとなると結構面倒くさく思うこともあります。そんな時は「白だし」です。なにしろ私は白だしマニアなもので……。

〈メニュー例〉白だし簡単お吸い物

市販の白だしのボトルには「お吸い物」に適した割合が書いてありますので、

その通りに作ればお吸い物が完成です。わかめやネギやお麩《ふ》、かまぼこの切れ端や柚子の皮を浮かべてもいいかもしれません。またお味噌汁はこのお吸い物に味噌を溶くだけです。

〈メニュー例〉トマトスープ

最近ドはまりしているスープで、完熟トマトを使います。鍋にお湯をわかし完熟トマトの乱切りと塩少々。これで出来上がりです。物足りなかったら少し出汁（顆粒でも液体でも）を足しても。具を豪華にしたい場合は、初めに汁に片栗粉でとろみをつけ、溶き卵を入れます（溶き卵がきれいに仕上がります）。そこに小ネギや小さく切ったニラをいれたらトリコロールスープに早変わり。おしゃれとしか言いようがない！

〈メニュー例〉瞬間コーンスープ

最近料理サロンでお伝えして衝撃の大ヒットが生まれました。市販のコーンクリーム缶を使います。これをひと缶と同量の豆乳を混ぜます（空いたコーン缶に豆乳を注げば缶がきれいになります）。コクをだすために白だし（小さじ2）あとは塩（小さじ1弱）で味を調整します。加熱をせずボウルの中で混ぜたままの「冷製コーンスープ」は「なんでこんなに美味しいの！」と大反響でした。冬場は鍋で温めてもいいかもしれません。

コレをご紹介したときの反応を見て思いました「簡単料理とはせいぜいこのくらいのレベル」だと。これからももっと楽ちんと美味しいを追求しようと遠くを眺めました……（未来を）。

ドリンク

→レシピ170ページ
ジンジャーエール、なんちゃってモヒート、ラッシー、チャイ

若い二人でも愛があれば大丈夫……とはよく聞きますが、おもてなしでもお酒があれば大丈夫……とはいかない場合もあります。お酒を飲まない人やちょっと休憩してノンアルが欲しい場合など、たしかに家で飲む麦茶や水のペットボトルを置いておいてもいいのですがちょっと味気ないです。ソフトド

リンクも簡単なものを用意できるようになれば喜ばれます。一番のおススメはただの水にレモンやミントを入れておくものです。ほんのり酸味とミントの香りが特別感とおしゃれさを醸し出してくれます。

もっと味がついたものを！　という場合に便利なのが、手間はかかりますが、シロップを作っておくことです。

〈メニュー例〉簡単シロップ

レモン、オレンジ、生姜など（農薬を使っていないものを選ぶ）を皮をよく洗ってうすく輪切りにする。重量の8割の砂糖とともに厚手の鍋に入れて蓋をして弱火で15分煮ます。シロップが出ていますので、水や炭酸水で割ってみましょう。焼酎やビールに入れても美味しいのですが、水で濃い目に薄め、製氷皿に入れて凍らせればシャーベットになります。またゼラチンで固めればゼリーにもなります。ちょっと濃い目に……がポイントです。

レシピページにはその他「甘い飲み物」を少しご紹介しています。食後に飲めばデザートなしでも満足感が得られます。

デザート

↓レシピ172ページ
コーヒーゼリー、いちごシャーベット、ミルクプリン、生姜のコンフィチュール

慣れるまで手を出さない方が無難です、とお伝えしましたが、慣れてきた方や作ってみたい方のために簡単で失敗しないものをご紹介します。172ページのレシピにあるようにポイントは2つで、フルーツを使うかゼラチンで固めるかのいずれかがおスススメです。フルーツはコンポートもおススメですが、煮て冷やすのが面倒くさかったら、ただ切ったフルーツをハチミツに漬けておいてヨーグルトにかけて出しても素敵です。ちょっと洋酒なんて垂らせばいきなりグレードアップした味になります。

またオーブンで焼くので多少手はかかりますが、持ち運びにも保存にも便利なのはチーズケーキです。お酒にも合う……という声もあり、意外に男性にもウケたりします。砂糖の分量で甘さが調節できるのも、自分で作るメリットです。

〈メニュー例〉簡単チーズケーキ（18センチケーキ型・または耐熱容器）

クリームチーズ（1箱200g）を常温で柔らかく戻し、ボウルに入れて砂糖（75g）を混ぜ合わせます。そこへ卵1個、薄力粉（大さじ1）、レモン汁（大さじ1）を加えて混ぜて、クッキングペーパーを敷いた型に流し入れ230度に予熱したオーブンで35分焼きます。しっかりと焦げ目がついた方が香ばしくて美味しいです。よく冷やしてどうぞ。

多少横にしても崩れることなく持ち運びに便利、冬場なら室温に出しておいても1時間位問題ないし、食べきれなかったら冷凍保存が可能。年末のおもてなしなどに重宝しています。

コチュジャン

↓レシピ174ページ
マヨディップ、ピリ辛さきイカ、混ぜご飯、ミルフィーユ鍋

いきなり調味料ですか？　と思われますが、全日本コチュジャン普及委員長を自称しているので「焼肉の味付けだけでしょ」の概念を払拭したいのです。驚くなかれ、乳製品と合わせるとものすごいコクが出ます。私が作るコチュジャンにはニンニクを使いませんので、味噌と同じ感覚で調理に使うと用途が広がります。おススメはチーズや生クリーム、マヨネーズと合わせること。パンにも麺にもご飯にも合います。ポイントは米麹の粒が残った中甘口の味噌を使うこと、唐辛子は中国産の最も細かい粉で大手食材店で「粉唐辛子」として売っているものがおススメです。スーパーにある少量パックの唐辛子は粗びきであることと、苦味が強すぎてコチュジャン作りにはおススメできません。

カンタンコチュジャンのつくりかた

蓋ができる大きめの鍋に水200cc、塩大さじ1、きび砂糖175g、米

麹味噌250gを加えて軽く溶かしたら粉唐辛子55gを入れてなじませます。ふつふつしてきたら弱火にして軽く蓋をして15分加熱（途中数回かき混ぜる）。出来上がって荒熱が取れたら米酢・日本酒（各大さじ1）を混ぜ合わせます。ここではカフェの人気メニューをご紹介します。

〈メニュー例〉とろーり長ネギのコチュジャンパスタ

長ネギ1本（斜め切り）、しめじ（1パック）、豚ひき肉150g、パスタソース（市販のトマト味）1／2瓶、コチュジャン大さじ1~2、生クリーム100cc、塩こしょう。フライパンに材料を全て入れて蓋をして中火加熱。沸騰したら混ぜ合わせて煮詰めて完成。

「ウニのパスタみたい」と言う方も。つまり深みとコクが出るのです。

177ページでは、これらのメニューによる「料理組み合わせパターン」の例を紹介しているので、メニューを組み立てる際に参考にしてみてください。

おもてなしの現場から

カレーの彼

友達の家に夫婦で招かれた。うちの旦那は「少しは人見知れ！」と変な汗をかくくらいどんな場所でもどんな人にも動じないちょっと面倒くさい人だ。したがって、自分が知らない人にお招きされても、決して動じないし反対にちょっとイラッとするくらい馴染んでる時もある。

今回招いてくれた友達のご主人は「はじめまして」の人で、うわさではスペースシャトルの何らかに関わっている人と聞いていた（ざっくりーーー！）。

私の中で理系で頭のいい人はほぼすべて「スペースシャトルの何かをしている人」のくくりなので、彼女のご主人もたぶんそのカテゴリーだ。とにかく賢くてスゴイ人。

「こんにちは！」休日の昼から飲めるとあって私の声も弾む。

「待ってたよ──」と元気な彼女にリビングに通された。

「ちょっと見てよ。自慢したいから」とキッチンに通された。聞けば共働きの彼女のボーナスで、「もう完全に自分の好み」に全面リフォームしたというキッチンは蛇口やタイルにいたるまでいちいちかわいい！

キャーキャー騒ぐ私たちの横で、鍋の前に無言で張り付いている彼女のご主人を発見した。

「あ！　はじめまして！」……ご挨拶するも彼の目は鍋を見つめたままだ。

おっと、もしかして人見知り？

……というか、いきなりおばさん2人が近くで大声で騒いだらビックリするよね、ホントにゴメン……。そんな気持ちになり、気をとりなおしチーズなどをつまみながらさっそくビールを飲み出した。おしゃべりも楽しく次々とグラスが空になり、そこそこ時間が過ぎたあと突然彼女のご主人が近寄ってきた。「できたよ」と、昔の人気ドラマのようなセリフをかすかにキャッチした。差し出されたお皿には鶏の手羽元がホロホロに煮崩れたチキンカレーと自家製とおぼしきナン……。

なんじゃこりゃ！！！　と、この手のカレー大好きな私はハートを射抜かれてしまった。しかも、一口食べたら期待の数倍美味い！

「え!!　おいしすぎる！」と一層騒ぐおばさんの声を無言で受けた彼の背中は、またカレーの鍋の前にあった。

彼女のご主人の性格やこの時の気持ちを、初めて会った私が深く知る由もない。けれども、歓迎の仕方やコミュニケーションの取り方には人それぞれやり方があるんだな……と、社交的過ぎる友達と、カレー鍋の前でひたすら立ち尽くしていたご主人の組み合わせを思い出すと今でも幸せな気持ちになる。うちの「出過ぎる」旦那に爪の垢を……というかカレーのスパイスを分けてほしい！

それにしても美味しかったなぁ……店出せばいいのに（グイグイいくの、よしなさい。自戒）。

第四章

失敗知らず！我が家の鉄板おもてなしレシピ

テーブルに出しておける

前菜

ポテサラ

ポテトチップスを
砕いたものを
のせてもステキ!

粒マスタードで大人のポテサラ

材料：じゃがいも2個、きゅうり1／2本、マヨネーズ大さじ2、粒マスタード大さじ1、塩こしょう適量

作り方：じゃがいもをゆでて潰し、熱いうちに調味料で和え、キュウリの塩もみを混ぜる。

カレー粉を
加えても!

ハムと卵のポテサラ

材料：じゃがいも2個、ハム3枚、ゆで卵1個、マヨネーズ大さじ2、酢小さじ1、塩適量、ブラックペッパー適量

作り方：じゃがいもをゆでて潰し、熱いうちに調味料で和え、ハムと潰したゆで卵を混ぜる。最後にブラックペッパーを振りかける。

根菜の和風ポテサラ

小ネギをちらして
アクセントに

材料：じゃがいも2個、根菜（人参1／2本、ごぼう1／2本、レンコン5センチ分）、マヨネーズ大さじ2、酢小さじ1

作り方：油（小さじ2）を入れた鍋に切った根菜を入れて、調味料（酒・みりん・醤油・水を各大さじ1）を加え蓋をして煮る。じゃがいもをゆでて潰し、調味料で和え、煮た根菜を混ぜる。

さつまいもとカリカリベーコンのポテサラ

さつまいもを
あえて潰さないのも
食べごたえあり

材料：さつまいも中サイズ1本、マヨネーズ大さじ2、粒マスタード大さじ1、ベーコン3枚、塩こしょう適量

作り方：さつまいもを一口大に切ってゆでる。形を残したまま調味料で味付けし、カリカリに炒めたベーコンを混ぜる。

テーブルに出しておける前菜

ディップ

4. 余りものはマヨネーズと混ぜてみて

3. お豆腐にかけてサラダでもいける

5. パンに塗ってサンドウィッチもおススメ

1. 冷めたらまたレンジ加熱すればよし！
2. しらすがなければ鰹節でもOK！

1.
熱々カマンベール

材料：カマンベールチーズ1個、ブラックペッパー適量
作り方：カマンベールチーズの上の部分をフチを残して薄く切り取り、レンジ（500W）で1分加熱↓柔らかくなった中央を軽くかき混ぜる↓再度レンジ1分加熱↓ブラックペッパーを振りかける。

2.
味噌のバーニャカウダ

材料：オリーブオイル大さじ2、味噌大さじ1、生クリーム大さじ2、しらすひとつまみ
作り方：しらす以外を鍋に入れて沸騰しないように加熱しながら混ぜる。器に入れてしらすを入れる。

3.
サルサソース

材料：玉ネギ1／2個、トマト1個、ピーマン1個、ケチャップ大さじ1、レモン汁大さじ1、塩こしょう適量、お好みでタバスコ
作り方：みじん切りにした野菜と調味料を混ぜ合わせる。

4.
岩のりマヨネーズ

材料：マヨネーズ大さじ2、岩のり瓶詰大さじ2
作り方：すべての材料を混ぜる。

5.
ツナペースト

材料：ツナ缶1缶、オリーブ（種なし）6個
作り方：ミキサーにかけてペーストにする。

テーブルに出しておける前菜

肉を巻く・酢で漬ける

フライパンで焼くときはクッキングペーパーを敷くと焦げにくい
インゲンやピーマンを追加しても

ひき肉カレーそぼろ

材料：ひき肉200g（豚・牛・鶏どれでもOK）、玉ネギ1／2個、パプリカ1／2個、コーン大さじ2、ケチャップ大さじ1、醤油小さじ1、カレー粉小さじ2、塩こしょう適量

作り方：少量の油を入れたフライパンでひき肉を炒め、野菜を加えて玉ネギが透き通ったら調味料で味を調える。

タンドリーチキン

材料：鶏もも肉1枚、カレー粉小さじ2、ケチャップ大さじ1、醤油大さじ1、塩小さじ1、ヨーグルト大さじ2、ニンニクと生姜のすりおろし少量

作り方：鶏肉と調味料をビニール袋に入れて3時間〜半日冷蔵庫で味をなじませる。クッキングペーパーを敷いたフライパンで皮目から中火で蓋をして焼く。焦げ目がついたら反対側を蓋をとって焼く。

かいわれや
白髪ネギを
トッピングしてみて

鮭の南蛮漬け

材料：刺身用サーモン1サク（**下味**：塩こしょう適量）、片栗粉大さじ2、人参1本、玉ネギ1／2個、ピーマン1個、かいわれ適量

作り方：フライパンに油少々を入れて野菜（人参・玉ネギ・ピーマンの細切り）を炒めてタレに漬ける。ビニール袋の中に片栗粉を入れて一口大に切ったサーモンにまぶす。野菜を取り出したフライパンに3ミリ程度の高さの油を加え、サーモンを揚げ焼きし、タレに一緒に漬けこむ。

前日から作って
冷蔵庫で保存すれば、
味がしみ込んで美味しい

野菜の甘酢漬け

材料：茄子3本、ピーマン3個

作り方：フライパンに5ミリ程度の高さの油を加熱して、乱切りにした野菜を揚げ焼きしてタレに漬けこむ。

［**共通する甘酢タレ**］
ポン酢醤油100cc、酢20cc、砂糖大さじ1、お好みで一味唐辛子や鷹の爪を入れてピリ辛にしてもよい。

冷蔵庫から
すぐ出せる
前菜

混ぜるだけ・和えるだけ
カルパッチョ

色の対比を意識して
レモンやしらす、
かいわれを

紫キャベツのラペ

材料：紫キャベツ1／8個、塩小さじ1、紫玉ネギ1／2個、酢大さじ1、はちみつ小さじ1、オリーブオイル大さじ1、塩こしょう適量

作り方：紫キャベツを千切りにして塩をまぶし、しんなりしたら水気を絞る。紫玉ネギと調味料を加えて混ぜ合わせる。

ピーマンは
変色するので
食べる直前に混ぜて

豆サラダ

材料：金時豆の煮物（市販の甘いもの1パック約120g）、玉ネギ1／2個、ピーマン1個、酢大さじ4、オリーブオイル大さじ2、砂糖小さじ1、塩こしょう適量

作り方：金時豆は軽く洗って水分を切っておく。タッパーに粗みじん切りの玉ネギ、金時豆、調味料を入れて半日ほど味をなじませる。食べる直前に粗みじん切りのピーマンを加える。

ただのお豆腐も、
盛り付け次第で
おもてなし料理に

豆腐の和風カルパッチョ

材料：木綿豆腐1丁（水切りしておく）、塩昆布大さじ1、生姜少々、小ネギ少々、オリーブオイル大さじ1、ポン酢醤油大さじ1

作り方：水切りして5ミリ厚に切った豆腐を並べる。中央に塩昆布と生姜の千切りをこんもりとのせ小ネギをちらす。オリーブオイルとポン酢醤油を混ぜたものをかける。

市販のザーサイを
刻んで調味料に

かまぼこの中華風カルパッチョ

材料：かまぼこ1本、ザーサイ（瓶詰）適量、プチトマト適量、ゴマ油大さじ1、カイワレ適量

作り方：かまぼこを5ミリ厚にスライスして並べる。中央にプチトマトとザーサイを盛り、ごま油を回しかけてカイワレを散らす。

冷蔵庫から すぐ出せる 前菜

サラダ

水気が出るので、調味料を和えるのは食べる直前に

春菊と柑橘のサラダ

材料：春菊1束（葉先の柔らかいところ）、グレープフルーツ1個、オリーブオイル適量、ポン酢醤油適量

作り方：春菊をボウルに入れてオリーブオイルをひと回しかけて手でふんわり和える。ポン酢醤油をひと回しかけて同様に和える。皿に盛ったらグレープフルーツを散らす。

豚しゃぶ肉は
氷水で冷やすと
固く乾燥しがち

豚しゃぶサラダ

材料：しゃぶしゃぶ用豚肉200g、きゅうり1本、茄子2本

作り方：鍋に湯をわかし沸騰直前で肉を入れて火を通す。取り出して常温でさます。茄子は1個ずつラップで包んでレンジ500Wで1分加熱（2個同時で1分30秒～2分）。きゅうりと加熱した茄子を細長く切って皿に並べ、その上に豚しゃぶ肉をのせる。お好みで香味野菜をのせ、食べる時にタレをかける。

［**万能タレ**］
生姜、ニンニク、長ネギのみじん切り（各大さじ1）、ポン酢醤油大さじ3、ゴマ油大さじ1、砂糖小さじ1、豆板醤小さじ1（お好みで）を混ぜる。

付け合わせ野菜は
焦げやすいので
油をかけて焼いて
調理器具別の
メイン料理
オーブン&レンジ

ミートローフとグリル野菜

材料：合いびき肉500g、パン粉大さじ3、マヨネーズ大さじ1、味噌大さじ1、玉ネギ1個（みじん切りを大さじ1のバターで炒める）、ゆで卵2個、塩こしょう適量、野菜、オリーブオイル

作り方：ひき肉、パン粉、玉ネギ、調味料を混ぜて成型する。中にゆで卵を入れる。付け合わせの野菜は上からオリーブオイルを回しかけておく。190度に予熱したオーブンで30分。

［ソース］
ウスターソース、赤ワイン、みりん各同量を入れて軽く煮詰める。

茄子のラザニア風

材料：茄子2本、玉ネギ1個、薄切り牛肉150g、パスタソース（トマト味）1／2瓶、ワンタンの皮20枚位、白ワイン大さじ2、とろけるチーズ適量、炒めパン粉（フライパンで乾煎りしてきつね色にしたもの）大さじ2

作り方：耐熱容器に茄子（5ミリスライス）→玉ネギ（5ミリスライス）→薄切り牛肉（一口にちぎる）→パスタソース（5ミリ厚位にまんべんなくのばす）→ワンタンの皮を10枚くらい敷き詰める（これをもう一度繰り返す）。ふんわりラップをしてレンジ（500W）10分。最後にとろけるチーズをたっぷりのせて追加加熱1分でチーズが溶けたら、炒めパン粉を散らす。

りんごは程よい
酸味がある品種が
おススメ

りんごのローストポーク

材料：豚肩ロース又はヒレ塊500g

（下味：塩コショウ）、りんご（紅玉かジョナゴールド）1個、玉ネギ1個、じゃがいも1個、バター大さじ2、白ワイン80cc、ニンニク1かけ、生クリーム80cc、ブラックペッパー適量

作り方：フライパンで、豚肉の表面に焦げ目がつくくらい焼いていったん取り出す。焼き色がついた豚肉、りんご、玉ネギ、じゃがいもをそれぞれ1センチ厚に切ってフライパンに入れてバターと白ワイン、ニンニクスライスをのせて蓋をして加熱。蒸気が出たら弱火20分。

［ソース］

煮汁に生クリームを加えて煮詰め、ブラックペッパーを振る。

クレソンや
レモンを添えて
彩りアップしても

マグロのごまステーキ

材料：刺身用マグロ1サク、青のり、白ごま、黒ごま（各大さじ1）
作り方：オリーブオイル（大さじ1）を入れて加熱したフライパンで白ごま・黒ごま・青のりをまぶしたマグロの表面を焼く（刺身用なので中は半生でもよい）。

［ソース］
ニンニクスライスと醬油（大さじ2）、オイスターソース（大さじ1）、酒（大さじ1）、みりん（大さじ1）を入れて煮詰める。ポン酢醬油とごま油を合わせた簡単バージョンも。

調理器具別の

メイン料理

鍋で蒸す

白身魚の中華蒸し

材料：白身魚の切り身、細切り野菜（白菜・人参・水菜など）、ごま油

作り方：深さのある耐熱皿に細切り野菜を敷き詰め、その上に軽く塩を振った白身魚をのせごま油を回しかける。鍋に水を2センチほど入れて、小鉢を土台にして皿をその上にのせて蓋をして加熱。蒸気が出たら少し火を弱め約5分。

［タレ］

ポン酢醤油でさっぱりといただくか、155ページの万能タレで。

［蒸し方］

深めの鍋に2センチほど水をはり、高さのある器をさかさまに入れる。

食材を入れた皿をのせてふたをし、加熱する。

しっかり味がついているので、
からし醬油やタレはお好みで

ドーム型焼売

材料：豚ひき肉（200g）、調味料「醬油（小さじ1）、鶏がらスープの素（小さじ1）、ごま油（大さじ1）、砂糖（小さじ1）、塩コショウ」、玉ネギみじん切り（1／2個分）、片栗粉（大さじ3）、焼売の皮10枚程度、細切り野菜（白菜・人参・水菜など）

作り方：豚ひき肉に調味料を混ぜ合わせる。玉ネギに片栗粉をまぶし、豚ひき肉と合わせ混ぜる。細切り野菜を敷き詰めた皿に肉ダネをドーム型に成型し、その上に焼売の皮を貼り付ける。あとは白身魚の中華蒸しと同じ要領で加熱（加熱時間は10分程度、肉に火が通っていることが目安）。

調味料はチーズだけ。
野菜本来の
甘さを味わって

トマトとポテトの重ね煮

材料：ベーコン2枚（5ミリ位の厚切りの物を3センチ幅に切る）、玉ネギ1個、パプリカ1個、トマト2個、じゃがいも2個、とろけるチーズ適量

作り方：野菜はそれぞれ1センチ厚くらいの食べやすい大きさに切る。厚手の鍋にベーコン、玉ネギ、パプリカ、トマト、じゃがいもを順番に重ね入れて蓋をして弱火で加熱。じゃがいもが柔らかくなったら火を止めて、チーズをのせて余熱で溶かして出来上がり。お好みでパセリをちぎって散らす。

切り身魚のブイヤベース

材料：タイ・タラなど白身の切り身魚（2切れ位）、あさり1パック、玉ネギ1／2個、セロリ1／2本、ニンニク（1かけ）、トマトジュース200cc、プチトマト（10個）、コンソメ1個（4g）、白ワイン（200cc）、塩コショウ適量

作り方：フライパンにオリーブオイル（大さじ1）を入れて粗みじんに切った玉ネギ・セロリ・ニンニクを炒める。香りが出てきたらトマトジュースとプチトマトを加え半量になるまで煮詰める。コンソメ、白ワインを入れて切り身魚とあさりを加え火が通ったら塩コショウで味を調える。お好みでかいわれやバジルなど緑のものを散らす。

盛り付けは
上下逆さにして
お皿に出して

サーモンケーキ寿司

材料：ご飯（2合）、酢（30cc）、砂糖（大さじ1／2）、塩（小さじ1／2）、スモークサーモン適量、大葉（5枚）、ツナ缶1缶、玉ネギ（1／4個）、マヨネーズ（小さじ2）

作り方：耐熱容器に酢・砂糖・塩を入れてレンジで30秒ほど加熱して砂糖と塩を溶かす。それを温かいご飯に混ぜ込み酢飯を作る。ツナには玉ネギみじん切りとマヨネーズを合わせておく。ラップを敷いた型にスモークサーモンを敷き詰め、酢飯→ツナマヨ→大葉→酢飯を順番に入れてしっかり押さえる。

［**型の大きさの目安**］
直径18センチ程度のケーキ型、15センチ四方のタッパーなど高さ3センチ程度ある容器がおススメ。必ずラップを敷いて。

メインの
邪魔をしない
優しい味付け！

炊き込みカレーピラフ

材料：米（2合）、カレー粉（小さじ2）、塩（小さじ1）、ウィンナー（4本）、玉ネギ1／2個

作り方：米をといで分量の水を入れる。30分ほど浸水させてから、カレー粉・塩を溶いて、ウィンナーと玉ネギみじん切りを上にのせて炊飯スイッチを押す。お好みでパセリをちぎって散らす。

韓国のりを
揉んで上に散らすか、
おにぎりにして
巻いてもイケる

ザーサイ混ぜご飯

材料：米（2合）、瓶詰のザーサイ（大さじ2みじん切り）、みょうが（1本みじん切り）、ごま油（大さじ1）

作り方：温かいご飯に他の材料を混ぜ合わせる。お好みで小ねぎを散らす。

やっぱり
欲しくなる
炭水化物
ショートパスタ
ナッツは「柿ピー」のピーナッツを拾い集めました

簡単ジェノベーゼ

材料：バジル（両手にふんわりを2杯・なければ大葉でもOK）、塩（小さじ2）、ナッツ（大さじ2・ピーナッツやアーモンドなどなんでもOK）、ニンニク（2かけ）、オリーブオイル（120cc）

作り方：全部をミキサーにかけてソースを作り、ゆでたパスタに絡めて出来上がり。

定番ナポリタン

材料：玉ネギ1／2個、ピーマン1個、ハム4枚、ケチャップ大さじ2、ウスターソース大さじ2、酒（日本酒、赤白ワインいずれでも）大さじ2、塩コショウ

作り方：フライパンに油（大さじ1）を入れて具材を全て炒め、調味料を入れてしばらく炒め合わせる。ゆでたパスタを混ぜて出来上がり。

やっぱり
欲しくなる
炭水化物

〆のそうめん

普通のそうめん

材料：そうめん（好きなだけ）、めんつゆ（市販品）、薬味（ネギ・ゴマ・わさびなど）

作り方：麺をゆで冷水でしめて、めんつゆはメーカー表示の通り水で薄めて作る。

バジルがあれば当然おしゃれ！
大葉やみょうが、小ネギ、
かいわれを添えてもOK

おしゃれそうめん

材料：そうめん（2束）、ツナ缶1缶、トマト（大1個）、塩（小さじ1／2）レモン汁（大さじ1）、オリーブオイル（たっぷり）

作り方：そうめんを冷水でしめて水けをしっかり切って具材や調味料と合わせる。最後にオリーブオイルをたっぷり回しかける。

余裕がある人は…

盛り上がって簡単なドリンクレシピ

レモンやミントを
添えればいきなり
意識高い系に（笑）！

ジンジャーエール

材料：生姜（150g）、砂糖（120g）、炭酸水（適量）
＊砂糖は、生姜の重量の8割が目安
作り方：皮付きのままの生姜を薄くスライスして厚手の鍋に入れる。水大さじ2と砂糖を入れて蓋をして弱火加熱15分。炭酸水で割れば出来上がり。
＊きりっと辛さが欲しい場合は鷹の爪（ホール1本）を入れて加熱する。

炭酸水だけで作れば、
さっぱり美味しい
ノンアルドリンク

なんちゃってモヒート

材料：ミント（片手にふんわり）、砂糖（大さじ1）、レモン（適量）、ホワイトラム（適量）、炭酸水（適量）
作り方：ミントと砂糖をコップに入れてスプーンなどでぎゅうぎゅう潰す。そこにホワイトラムを好きなだけ入れて（そうは言っても1センチ位？）、炭酸水で割れば出来上がり。レモンを添えて。

ハチミツの代わりに
ガムシロップでもOK

ラッシー（4杯分）

材料：ヨーグルト300cc、牛乳100cc、はちみつ（大さじ3）、レモン汁（大さじ2）

作り方：全部の材料を混ぜる。

冷やしても美味しい！
凍らせてシャーベット
という手もある

チャイ（小さ目カップ4杯分）

材料：牛乳（500cc）、砂糖（大さじ3）、紅茶（ティーバッグ2個）、ホールスパイス（シナモン1本・カルダモン2個・クローブ5個）

作り方：鍋に材料を全て入れて、中弱火で紅茶の色が出るまで煮る。濾してカップに注ぐ。

＊ホールスパイスがなければ、紅茶を煮出している時に粉のスパイスを加えて混ぜる。

余裕がある人は…

前日からしこめるデザートレシピ

コーヒーゼリー（8個分）

材料：普段飲んでいるコーヒーより少し薄めなもの（600cc）、砂糖（大さじ5〜6・ガムシロップでも）、粉ゼラチン（10g・大さじ2の水でふやかしておく）

作り方：コーヒーに砂糖を加えて沸騰しないように加熱して、ふやかした粉ゼラチンを加えて容器に入れ冷やし固める。砂糖やガムシロップで甘さを調節（固める前に飲んでみてしっかりした甘さが目安）。生クリームやコーヒーフレッシュをかけても。

固めないで飲めば
いちごミルク

いちごシャーベット（8個分）

材料：いちご（1パック）、砂糖120g、牛乳（適量）

作り方：厚手の鍋にヘタをとったいちごと砂糖を入れて、蓋をして中弱火で15分加熱。シロップに好みの濃さまで牛乳を入れたら冷凍庫で冷やし固める。煮上ったいちごはトッピングに。

プルプル食感のコツは
ゼラチンちょっと少なめ

ミルクプリン（8個分）

材料：牛乳（600cc）、砂糖（大さじ4）、練乳（大さじ1）、粉ゼラチン（10g・大さじ2の水でふやかしておく）

作り方：鍋に牛乳・砂糖・練乳を入れて沸騰しないように加熱。水でふやかしたゼラチンを溶かし入れ、容器に注いで固める。

地味だけど
手が止まらない！

生姜のコンフィチュール

170ページのジンジャーエールで煮終わった生姜をそのまま食べる！

手前味噌ですが…

実はめちゃくちゃ使える コチュジャンレシピ

野菜に
つけてどうぞ

マヨディップ

マヨネーズとコチュジャン同量を混ぜる。

無限に食べられる
病み付きの味！

ピリ辛さきイカ

ビニール袋にさきイカ（1パック）、コチュジャン（大さじ1）、酢（小さじ1）、はちみつ（小さじ1）を加えて揉んで味をなじませる。

混ぜご飯

白いご飯にコチュジャンを混ぜる。ごま油を回しかければしっとりと風味も増す。ごまやじゃこを振りかけるのもおススメ。

おにぎりにしてもイケる

ミルフィーユ鍋

豚バラ肉と白菜をミルフィーユ状に鍋にセットして、トマト缶（1缶）、バター（大さじ2）、コチュジャン（大さじ1〜2）を上にのせて蓋をして、火が通るまで煮る。

甘辛いスープがしみわたる！

おさらい！

これだけはおさえておきたい 3つの盛り付けのコツ

1. 高さを出す

平らにではなく、できるだけ高さを出して盛り付けることで美味しそうに見える。

2. 具材を並べる

具材はきれいに並べよう。ワンランクアップの盛り付けになる。

3. 反対色を使う

この写真では紫キャベツと黄色いレモン。ほかにも、赤いトマトに緑のバジルなど、反対色を意識すると鮮やかな印象。

テーマ別料理組み合わせパターン

「和」……鮭の南蛮漬け・根菜の和風ポテサラ・ドーム型焼売・野菜の甘酢漬け・ザーサイ混ぜご飯

「洋」……ツナペースト・春菊と柑橘のサラダ・ハムと卵のポテサラ・切り身魚のブイヤベース・簡単ジェノベーゼ

「ミックス」……豆サラダ・かまぼこの中華風カルパッチョ・ひき肉カレーそぼろ・炊き込みカレーピラフ・ピリ辛さきイカ

「お祝い」……サルサソースとスティック野菜・コチュジャンミルフィーユ鍋・サーモンケーキ寿司・マグロのごまステーキ・ミルクプリン

「クリスマス」……紫キャベツのラペ・味噌のバーニャカウダ・ミートローフとグリル野菜・定番ナポリタン・いちごシャーベット

おもてなしのおススメテーマ

ある程度仲の良い人だったら、「縛り」のあるおもてなしも面白いです。あらかじめテーマを決めて集まっても、集まることが決まってからテーマを設定しても、どちらもアリだと思います。設定は「料理」だけではありません。様々な「シーン」や「ルール」を設け、ノッてみると楽しいですよ。ここでは私がやったことがある、もしくはやってみたいテーマをご紹介します。

テーマ1 世界のビールを飲もう

大きいスーパーやデパ地下には世界の珍しいビールがたくさん売られています。いろんな種類を買い込んでみんなで味見してみてはどうでしょうか？

瓶の形やラベルなど、気になるものを試し飲みする楽しさがあります。中にはフルーツ味のビールや面白い味の物もあって、ちょっとずついろいろ飲み比べるのは会話も弾みます。またワイングラスで飲んでも違った味わいになったりします。レモンやオレンジを切って置いておき、絞って入れてもいいでしょう。

おつまみはビールに合うものを各自持ち寄るのもおススメ。軽めな食事ならサラダ、しっかり食べたいなら炭水化物だけ用意しておけばいいから気楽です。なんだったらフライドチキンなどをお持ち帰りして手づかみでバクバク食べるのもワイルドです。

または、ホットプレートで野菜を焼いてタレをつけて食べるか、生やゆでた野菜をたくさん用意して数種のディップを置いておくだけでも。とにかくワイルドに楽しんでみましょう！　ビールの味を変えるごとにいちいち乾杯してみるとか、最後に人気投票してみても盛り上がります。

テーマ2　1人1カレー持ち寄りパーティー

「いったい人の家は普段どんなものを食べているのだろうか」これは心の中で思っていても、なかなか見聞きすることができないものでもあります。そんな時、ゲーム感覚で楽しめるのが「カレー持ち寄りパーティー」です。

いつもの我が家のカレーでもよし、休日にお父さんが作るこだわりのスパイスカレーでも、ちょっとこだわってグリーンカレーでも、パンにも合うキーマカレーでも……もうなんでもOK。カレーは無限にありますから、いろいろ食べ比べしてみるのも楽しいものです。普通のお米に塩とターメリックを混ぜて炊飯器で炊いたターメリックライスや市販のナンを用意しておけば、あとはモリモリ食べられる野菜サラダだけでもいいでしょう。人が作ったカレーにはいろんな発見があって自分の料理の参考にもなります。きっとあっちこっちで「ねぇ、この隠し味ナニ？」なんていう会話も弾むでしょう。子供も喜ぶので年齢問わず楽しい集まりになります。

また付け合わせもそろえてみるのも楽しいものです。もちろん市販の福神漬けでもいいし、さっぱり口直ししたい時にはちょっとレモンを絞ったキャベツの塩もみや、辛さ調節のために粉チーズや温泉卵を用意しても喜ばれるでしょう。

〈メニュー例〉簡単ターメリックライス

米3合をとぎ炊飯器の3合の線まで水を入れて30分浸水。その後塩小さじ1、ターメリック小さじ1を水に溶き、炊飯スイッチを押す。

テーマ3 仮想・実家の夏休み

これは意外にも女性にウケます。実家に帰れば自分が動かずとも母親が作った料理が出てくるアレです。そうです、「休みくらい何もしないで、出されたものを食べたい」というアレです。お盆休みの帰省をイメージしてメニューは煮物やそうめん、買って来たてんぷらやゆでた枝豆。最後は切ったスイカです。集まる人には「我が地元の名産品」とか「実家でよく食べるアレ」なんていう手土産をリクエストしても面白いでしょう。豪華さは全くありませんが、かえってほっこりと幸せを感じます。

ちなみに実母を早くに亡くしているので、私の「実家の夏休み」はなぜか旦那の実家です（笑）。テレビの前に座ったままの嫁を本当に何も言わず快く受け入れてくれます（冷や汗）。そしてお義母さんが必ず作ってくれているのは「南瓜《カボチャ》の煮物」。私は昔からこれが大好物でした。たまたま旦那の実家に最初に遊びに行ったときに「昨日の晩ごはんの余り物なんだけど……」と出されたものを一口食べてビックリ！ 実家の母のものよりよっぽど美味しい。すっかり感動して褒めちぎったら、その後、旦那の家に行くたびに用意してくれていて、黙っていてもスーッとテーブルに出てきます。

当然「動かない嫁」は昼から勝手に冷蔵庫からビールを出してこれをつまみに飲み始めます。まったく、この嫁ときたら……と自分で自分に突っ込みますが、義母も義父もニコニコと「もっと食べなさい」といろいろ出してくれます。実家よりもっと実家です。……しかし近年、残念ながら義父につづき義母も天国に旅立ってしまいました。あの南瓜が食べられないのも、もう会えないのも寂しくて仕方ありません。けれどもそんなことも思い出しながら「実家の夏休み」というテーマで集まっておしゃべりする……というのも、大人世代ならしみじみとする、今風にいうと「胸アツ」な集まりになるのではないでしょうか。

テーマ4

お月見パーティー

星読みという仕事をしている友達がいます。占いと違って、生まれた場所と時間から持って生まれた「使命」を読み解くという、ちょっとした神秘的統計学みたいな感じ……と個人的に理解しています（ホントは違うかもだけど）。

その星読みをやっている友達が「満月の夜にワインを飲もう」と声をかけてくれたことがあります。何やらその日は「すごくいい日」らしいのです。私にとって仲の良い友達と飲む日は全部「すごくいい日」だけど、テーマを設定して集まるのは一層ワクワクするものです。

ワインのラベル（エチケット）には可愛い絵柄もたくさんあって、ブドウや産地などのワインの知識はなくても「ジャケット買い」をするというのも楽しみの一つ。彼女はその中でも「お月さまのワイン」を用意するというので、私はネットで探し

て「ブルームーン」というビールを取り寄せてみました。こうなるとお料理やBGM、余裕があれば洋服だってちょっと凝りたい（まさかの仮装パーティー？）。

大人になってから、そして子供も成長してしまうといろんなイベントもなおざりになっていつしか季節が過ぎていきます。だからこそ、こんな時こそちょっと真面目にふざけてもいいよね！　ということで女子だけ数人集まってお月見ワインパーティーが始まりました。

おつまみは丸く丸めたチーズに青のりをまぶしたり、ウズラの卵とプチトマトを楊枝で刺して無理やりピンチョスを気取ったり……デパ地下でアランチーニという「丸いコロッケの中にチーズが入っているイタリア料理」を買って来た友達や、ウサギのラベルの焼き菓子を持ってきた友達も。お月見料理って何？　とも思ったけど、ラベルやネーミングの他には「丸いもの」や「卵料理」なんかが並びました。照明を落としてお月さまを見ながらBGMは月にまつわる音楽。女子同士おしゃべりしつつ飲んだワインは相当美味しかったな……。「なにこれ、本当に最高の日じゃん！」というのが全員の感想です。

あ、仮装は忘れてました……名付けて熟女の夜会（怖っ）。

テーマ5　紫色で集まろう

　なぜそんなことを言い出したのか記憶もあいまいなのですが、もしかしたら私が「食材の中で紫色が一番摂取しにくい」と言ったことがキッカケだったかもしれません。そもそも栄養バランスを考える時に、よくわからない時はとりあえず「7色を摂取してみる」と覚えておくといいのです。

　赤・緑・黄色・オレンジ・黒・白そして紫。……多分一番思い浮かぶ食材に困るのが紫じゃないでしょうか……って話になったのです。実際一番摂取していないのも紫らしいのです。そりゃそうですよね、ブルーベリーや茄子をそんなに毎日食べませんから。

　じゃ何があるか紫色の食材で作った料理を持ち寄ろう！　という話になり、それが宿題をもらったみたいで面白かったことを覚えています。紫色の食材を思い浮かべるのに簡単なのは「紫ナニナニ」というものを探せばいい。紫キャベツ・紫玉ネギ、このあたりは結構ポピュラーでスーパーでも手に入りますよね。

それ以外にもブルーベリーや茄子、サツマイモやぶどうなんかがパッと思いつくのではないでしょうか。また、最近では紫色のじゃがいもやオクラ、インゲンや蕪《カブ》や大根や人参にも紫色の品種があったりして、そんな珍しい色の野菜を探してみても面白いでしょう。そんなこんなで、集まる日まで自然と考えたりスーパーへ行ったときにじっくり探したりしました。そんな観点も毎日の料理を作るのにちょっとしたアクセントになって楽しいものです。

そしてかの持ち寄りの当日、ある友達がタッパーを開けて一同絶叫。紫色のどろりとした液体……「なにこれ？　え？　罰ゲーム？」とみんな思わず口を滑らせたも

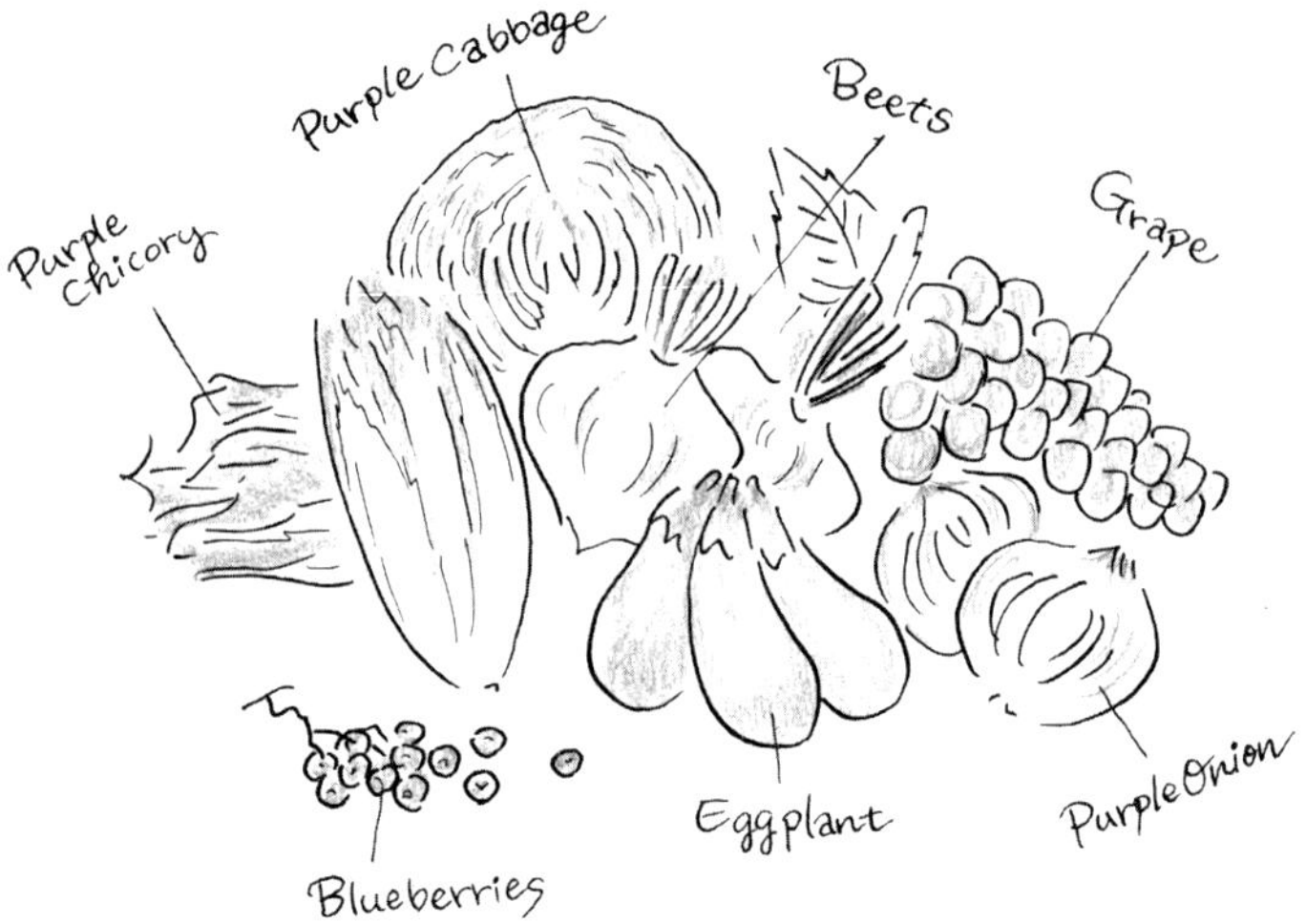

のの、作った当の本人も不本意だったようでした。まさか全部が紫になると思わなかった……と。つまり「事故料理」だったのです。普通のホワイトシチューに紫色のじゃがいもをアクセントで入れたつもりが全面紫に……という事態。

知らなかったんですね、紫色の野菜を入れて煮込むと色素がにじみ出て残念ながら料理全体が紫色になるものなのだと。……ま、ハロウィンも近いしこれもいいんじゃない！　ということで美味しくいただきました。あ、正確にいうと「おどろおどろしくいただきました」（笑）。しかし、紫色の料理は一歩間違うと本当に罰ゲームになる……という笑えるエピソードができた集まりでもありました。

テーマ6　汗かいて、熱々を作りながら食べよう

ホットプレートを使うと準備が楽なうえに、みんなで調理をする楽しさも加わります。同じものを一緒につつくという共同作業は一層関係性を深めるものです。時に場が盛り上がると肉1個につき野菜3個食べなければだめ……など、鍋奉行なら

ぬホットプレートポリスが登場するのも面白い成り行きです。普段知らない人の性格が垣間見えて、それも人と一緒にご飯を食べる楽しい発見かもしれません。

〈メニュー例〉焼き鳥

鶏モモ肉（一口大に切る）、長ネギ（3センチに切る）、エリンギ（5ミリほどのスライス）、しし唐を串にさしてホットプレートをよく加熱して油をひかずにそのままのせます。蓋をして水気が出て焦げ目がつくまで焼いたら蓋をとって片面かえして焼き上げます。タレは醤油（60 cc）、みりん（40 cc）を半量まで鍋で煮詰めて作ります。こだわりの塩や柚子胡椒、七味唐辛子などをたくさん用意すると楽しいでしょう。後は赤ちょうちんと黄色いおしぼりなどがあれば雰囲気も盛り上がります。

〈メニュー例〉ビビンバ

豚ひき肉を炒めてコチュジャン、醤油、酒、砂糖、ニンニクと生姜のすりおろしで味を調えます。ほうれん草、人参（細切り）、もやしをサッとゆでて鶏がらスープの素、醬油、ごま油で和えて白ごまを振ってナムルにします。ホットプレートに白いご飯をのせて炒めたひき肉、野菜のナムル、温泉卵（沸騰したお湯の火を止めて生卵を入れて20分放置）をのせて混ぜ合わせて熱々をいただきます。

最後にチーズをのせて溶かしながらどうぞ。

第五章

「疲れないおもてなし」で変化すること

「おもてなし」で大事なのはまず**「相手を思う」**ことです。そして具体的なプランニングよりも、**「とにかく楽しんでやってみる」**ことです。最初はしんどくても大量の料理も片付けもそのうち慣れていきます。そして余裕が生まれてどんどん楽しめるようになります。

何度か繰り返しましたが、私が「おもてなし」について伝えたいことは、「料理レシピ」や「手際」などの「術」だけではないのです。

日常の楽しみ方の発見

今や人生100年時代、祖父母や親世代と自分を比べて「健康寿命」も延びました。普通に働き定年を迎えるというのがスタンダードな時代ではありませんが、それでも仕事をリタイアした後に少なくとも2、30年は次の人生が待っているのです。そうなると**「いかに日常を楽しむか」**というのはとても大事な要素だと思います。そうした時に一番に思いついたのが、人を招き、招かれる、を日常的に気軽にできる「おもてなし」のプロになることです。

個食問題の解決

また昨今、想像よりもはるかに「個食」があふれています。そもそも「個食」とは、親が仕事で不在にしていて子供がひとりでご飯を食べる……ということから始まった言い方かもしれませんが、**今や大人の「個食」も想像を超えるほど多いこと**に驚きます。もともとおひとりで暮らしている人もいますが、それ以外にも家族の形が変わりひとりになってひとりで食べるという人の増加です。ある意味自由気ままとも言えますが、やはり一抹の寂しさも感じます。そんな時に「一緒にご飯を食べる」ということがたまにでもできれば、気晴らしにも節約にもなります。今の時代、外食も中食も宅配も豊富にありすぎて「食事に困る」ということは基本的には稀です。けれども**「ひとりじゃ寂しい」「食べる気にならない」**という声は強く聞かれます。

それこそ「人と一緒に食べる」ことが見直される時代になっていくと思います。そのために楽にできる「おもてなし」の考え方や方法を身につけておけば、人生の楽しみだって広がります。自分自身だけではなく、家族や地域にも広がるのです。そんな社会になってほしくて「おもてなし」というものを掘り下げてみました。

疲れない料理作りの力がつく

また、おもてなしに限ったことではありませんが、料理の悩みを解決するのは「レシピ」そのものではありません。メニューの構成や家にあるもので調理する力、普段の料理をアレンジする力など、つまりは**「自分の力」に頼るしかない**のです。この本では「おもてなし」において、その力をつける方法をお伝えしています。ですからレシピも、材料や作り方は決して事細かく記述していません。パッと見て想像できるようなシンプルでアレンジもきくものを取り上げました。

そして気軽に「おもてなし」ができるようになったら、あなた自身とあなたの周りにはどんな変化が起こるのでしょうか？　最後にその可能性にふれておきます。

変化その1 料理の腕があがる

嬉しい副産物ですが当然なことでもあります。なぜなら**「おもてなし」をすることは料理のトレーニングになるから**です。「変なものは出せない」、「ちゃんと美味しく作れるように」と頭を働かせ知恵を絞り、そして実際調理してみるからです。これは素晴らしいレッスンです。そしてその結果「料理の腕」や「手際」がアップしていくのです。

チャレンジするキッカケになる

人間は（というか特に私は）多少追い込まれないとなかなかチャレンジしない生き物です。「人を招く」となればスイッチが入るのではないでしょうか？　もちろん最初はだいぶ気が重いことも承知しています。ですから、シンプルに考えられて無理なくできる方法やレシピ案をご紹介しました。

逆の言い方をすれば**「おもてなし料理」は「日常の料理」の延長線上にあります。**

わざわざおもてなし料理を身につけるというよりは毎日の料理として作ってみてください。**どんな料理も3回作ると自分のものになります。**

そして毎日の料理をおもてなし料理にするのは、前述のとおり、食材のグレードアップと見せ方です。食材のグレードアップを覚えると料理のアレンジ力がつきます。そして見せ方を身につけると自分の自信につながります。

やはり料理は見た目が大事だからです。そして作った料理を褒められればやる気アップにつながるからです。ですから、人に出す料理はきれいに見せましょう。

変化その2……家が片付く

……こともある、と言ったほうがいいかもしれません。けれども、おもてなしを繰り返すうちに気づくことがあります。**結局「使わない食器」とか「開かないレシピ本」とかが自《おの》ずとはっきりしてきます。**いつしかできた「自分のパターン」で「使わないもの」や「こと」がはっきりするのです。我が家もそれで処分した食器やテーブルクロスなどがたくさんあります。そしてずっととっておいた料理本もたくさん処分しました。結局シンプルでいいのです。すべてにおいてそれほど数は必要ないのです。まさに「持たない暮らし」推奨者のようですが、必然的にそうなっていきます。

思考も料理も断捨離できる

そしていったんシンプルになるとそこからまたアレンジが展開できるようになります。その余白が生まれるのです。そう思うと思わぬ断捨離にもつながると考えられますよね。

また単純に、**人が出入りする家は気の流れがよくなる**とも思っています。たくさんの笑い声が家に響けば家の神様も喜ぶはずです。スッキリ片付いて、気の流れもよくなる。まさに幸せが広がります。

変化その3……家族や夫婦の共通の楽しみになる

時間の経過にともなって、夫婦の関係も家族の構成も変わります。その流れの中でなかなかお互いの趣味や楽しみを共有しづらくなります。けれども、人を招いて一緒に飲み食べするというのは**家族や夫婦一緒に楽しむことができるイベント**です。親族でも友達でも、地域の仲間でも……。しかも家がベースになるので腹をくくれば基本的には誰にでも開催できることでもあります。

夫婦や家族の共同作業とガス抜き

夫婦や家族が一緒に考えて準備するという、久しぶりの「共同作業」になるかもしれません。また、あえて「外の空気」を入れることで、家の中のモヤモヤが自然と緩和されていた……などという効果もあったりします。と、いろいろ分析しましたが、ぶっちゃけ「気晴らし」になることは間違いありません。私はたいていお招きした（または招かれた先の）奥様と「ダンナあるあるある」で深く共感し盛り上がります。なぜなら家族の中で「妻」も「母親」も基本「自分ひとり」だからです。**家族の中に同じ立場で共感できる人はいない**のです。だからここぞとばかり「こんなことあるよね」「そうそう、うちも！」と盛り上がるのです。そしてそんな夫婦や家族に抱いている不満は楽しくおしゃべりするうちに抜本的に解決されなくても、自然と小さくなっていたりします。人生は時に「やりすごす」ことも大事です。家族や夫婦という近しい関係ならなおのこと、そういうこともひとつの方法です。

変化その4 リアルに人とつながる

地域デビューなんて言葉も聞きます。特に定年後などに自分の居場所をどうやって作るかというのは、実は深刻な問題かもしれません。でも実際はどうしていいかわからない、気後れするなど踏み出せない現状も多いようです。

うちの料理教室に通ってくださる方の中には、友達を作りたいという思いを抱いている方も少なからずいらっしゃいます。たしかに「子育て」も終わりが見えてくると**「自分の友達」や「交友関係」は自分で行動を起こさないと広がりません**。ヨガや手芸の教室に通ってもいいのですが、なかなか気の合う友達と巡り合えなかったり、すでにでき上がっているグループに気が引けたりします。そんな中、**料理は誰にでも共通の話題です**。これが美味しいとか、あれが好きとか……基本的には人を傷つけることはありません。そして誰にでも興味がありみんな必ず「ご飯を食べる」当事者でもあります。料理は人とのつながりやお付き合いのキッカケ、会話のベースにもなるアイテムなのです。

まずは、お茶飲みに来ませんか? から

実際に都内に暮らしていた時も、鎌倉に引っ越した時も、友達のみならずご近所さんとも「うちで飲みませんか」という行き来をしていたことがあります。これは当然お茶でもよいのですが、残念ながら(?)お酒好きなので、いきなり昼から「ワインやビール」という展開です。また、お酒を飲まない人は「美味しいケーキ」をネタにお茶に誘ってもいいのです。そしてちょっと馴染んできたら「餃子パーティー」やら「カニを食べよう」など楽しみを広げていきましょう。人と集えて気

楽に楽しめる場は「食べること」を共通項にして広がっていくのです。

このように、「おもてなし」とは肩ひじ張ったものではなく、**「集った人が気持ちよく飲み食いする場」**です。毎日を楽しくするひとつのアイデアとして気負わず身につけてもらえたらいいと思います。

おわりに

おもてなしって何だろう。この本を書くにあたって何度も考えました。自分でも人を招いたり、招かれたりの経験はそれなりにあります。

そしてその経験を踏まえ、いろんな角度で「おもてなし」を考えていく中でふと発見しました。一般的にいう「おもてなし」とは主に「準備すること」を指しているのだと。

掃除をする、テーブルを整えて食器を用意する、料理を作る、お迎えする……その準備全般が世にいう「おもてなし」として語られていることです。

どれも大切なポイントですが、同時に私は違和感を覚えました。

おもてなしって小ぎれいなところで自慢の料理を食べるってことだっけ？

昼からワイワイとビール飲みまくることだっけ？

……どうもそれだけではないと思ったのです。

何のためなのか？　どうしたいのか？　そしておもてなしをしてみるとどんな変化が巻き起こるのか……それについても考えました。

「つりばし効果」というものがあります。グラグラ揺れて足元もおぼつかないつりばしを一緒に渡るとその相手のことが好きになる……というううっとりするような効果（笑）。

もしかしたらおもてなしも同じような効果があるのではないでしょうか。

家に招く、一緒に食べる、という一連の共通体験が「つりばし効果」と同じような気持ちをもたらすのではないかと。

この本ではおもてなしが無理なくできるように、いろいろとお伝えしてきました。しかし元も子もありませんが、そのどれも完ぺきにできなくても構わないと思っています。

おもてなしにおいて一番大切なことは「ありのままで一緒に楽しむ」こと。お掃除が間に合わなくても、料理が準備できていなくても、慌てることなくそこから一緒に楽しむことです。どうか「やらなきゃならないこと」や「やろうと思っても手が回らなかったこと」に落ち込まないでほしいのです。

ホストとゲストという立ち位置の違いもありますが、ある意味「一緒に楽しむ」運命共同体でもあります。

たとえ思った通りにできなくても「楽しかったら成功」と思って下さい。

昔、料理初心者の新婚さんのお宅に招かれたことがありました。関西出身の彼のために関東出身の彼女が覚えたてのお好み焼きを作る……という壮大？　なおもてなしでした。しかし、お邪魔した時はまだ手付かずのキャベツがまな板の上にのっていました。……これはなかなかゴールが遠いな……と思った私は、「キャベツだけでも切りましょうか？」と声をかけました。キッチンはプライベートスペースだと言った私ですが、初心者の彼女の背中がどうにも心細く、私たちが到着したことで追い詰められているような悲愴感すら漂っていたからです。結局、私はキャベツを刻みながら、出会いのエピソードや初めてのデートでケンカしたことなど……キュンキュンするようななれそめを聞き出すことができました。「料理だって手伝ってくれてもいいのに」と口をとがらせる彼女に、「何事も最初が肝心。旦那は甘やかしてはいけない」と先輩風を吹かせました。ちなみにおもてなしはサラダとお好み焼き。冷えたビールを飲みながら囲んだ食卓はたいそう楽しく、幸せな時間でした。このおもてなしがとても印象的で素敵な記憶として残っているポイントは「彼女が自分をさらけ出してくれたから」です。キャベツを切る余裕すらない、と。

このように、私が提案したい「おもてなし」は、究極掃除も料理もたいしてできていなくて構わないのです。壮大な「オチ」かもしれません。でも、実際そう思うのです。ぜひ、正々堂々と楽しんで下さい。

また本書では「おもてなし」という言葉で語られていることですが、要は「人を招いて飲食をともにする」ということです。今の時代の「個食」問題を解決していくひとつのアイテムだとも思っています。

私たちは通常「疲れるおもてなし」をしてしまいがちです。そして「おもてなし」指南書にはよそ行きのレシピばかり並びます。しかし「おもてなし」に必要なのは一緒に楽しむという覚悟なのです。ですから、あなたにはまず自分が楽しめるおもてなしのプロになってほしいのです。そして「楽しかったね」「また来てね」を共有して下さい。ぜひ「おもてなし」というイベントを使いこなして、何気ない日常を楽しみましょう。毎日が、「気楽な楽しさ」でいっぱいになりますように。

本多理恵子 ほんだ・りえこ

東京で一般企業に勤務後、子育てのために鎌倉へ引っ越し、資格・経験ゼロ、しかも「実は料理が嫌い」でありながら自宅カフェ「Café Rietta」を開業。並行して、見るだけ、手ぶらで参加できる料理教室「お気軽料理サロン」を主宰し、現在まで参加者数12000人を超える大人気サロンとなる。2018年、多くの主婦を料理の呪縛から解放するエッセイ『料理が苦痛だ』（自由国民社）が大きな反響を呼び、同書は第6回料理レシピ本大賞 in Japan 料理部門でエッセイ賞を受賞。その他の著書に『ようこそ「料理が苦痛」な人の料理教室へ』（KADOKAWA）がある。

Café Rietta ホームページ　https://rietta.me
ブログ　https://ameblo.jp/caferietta

おもてなしが疲れる
いつもの料理で人を招く

2019年12月18日　初版第1刷発行

著者　本多理恵子
発行者　下中美都
発行所　株式会社平凡社
〒101-0051 東京都千代田区神田神保町3-29
電話　03-3230-6584（編集）03-3230-6573（営業）
振替　00180-0-29639
平凡社ホームページ　https://www.heibonsha.co.jp/

印刷　株式会社東京印刷館
製本　大口製本印刷株式会社

撮影　野川かさね
イラスト　小池高弘
デザイン　アルビレオ
DTP　長道奈美（ケイデザイン）

©Rieko Honda 2019　Printed in Japan
ISBN 978-4-582-63226-2 C0077
NDC分類番号 596　四六判（18.8cm）総ページ208
落丁・乱丁本のお取り替えは小社読者サービス係までお送りください（送料は小社で負担します）。

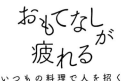